知行

科学戒毒工作标准

KNOWING AND DOING

Scientific Standards for Drug Rehabilitation Work

海南省琼山强制隔离戒毒所　组织编写

刘小川　主编

法律出版社
LAW PRESS·CHINA

北京

图书在版编目（CIP）数据

知行：科学戒毒工作标准／海南省琼山强制隔离戒毒所组织编写. -- 北京：法律出版社，2025. -- ISBN 978-7-5244-0048-6

Ⅰ. D669.8-53

中国国家版本馆 CIP 数据核字第 20254LZ665 号

知行
——科学戒毒工作标准
ZHI XING
——KEXUE JIEDU GONGZUO BIAOZHUN

海南省琼山强制隔离戒毒所 组织编写
刘小川 主编

责任编辑 许 睿
装帧设计 李 瞻

出版发行 法律出版社
编辑统筹 司法实务出版分社
责任校对 周 洁
责任印制 胡晓雅
经　　销 新华书店

开本 710 毫米×1000 毫米 1/16
印张 7.5 **字数** 84 千
版本 2025 年 6 月第 1 版
印次 2025 年 6 月第 1 次印刷
印刷 北京中科印刷有限公司

地址：北京市丰台区莲花池西里 7 号（100073）
网址：www.lawpress.com.cn
投稿邮箱：info@lawpress.com.cn
举报盗版邮箱：jbwq@lawpress.com.cn
销售电话：010-83938349
客服电话：010-83938350
咨询电话：010-63939796

书号：ISBN 978-7-5244-0048-6　　**定价**：68.00 元

凡购买本社图书，如有印装错误，我社负责退换。电话：010-83938349

编委会名单

序

在人类与毒品的百年抗争中，戒毒工作始终是关乎个体生命重塑与社会文明进步的重要命题。随着全国统一戒毒模式的定型和“一体两翼”战略布局的深入开展，我国司法行政戒毒系统在实践中逐步构建起具有中国特色的科学戒治体系。《知行——科学戒毒工作标准》的编纂，基于科学化、标准化、人性化戒治工作，力求为新时代戒毒工作注入新鲜活力。

标准化体系的建构彰显着戒毒工作的专业深度。在起草标准过程的字里行间，我们触摸到中国戒毒工作的时代跃迁。戒毒工作标准化建设，不仅提升了戒治效能，更构建起戒毒工作的专业话语体系。

本书的体系建构遵循“知行合一”的哲学智慧。五大规范既独立成章又相互支撑：肺结核戒治规范确保戒治过程的生理安全基础，身体康复与心理矫治规范构建身心同步康复的双轮驱动，禁毒宣传教育筑牢认知防线，衔接帮扶规范则架设回归社会的桥梁。这种环环相扣的设计逻辑，完整地呈现了从生理脱毒到心理康复、从认知重建到社会融入的科学戒治链条。

需要特别强调的是，本书确立的标准体系始终贯穿着法治精神与人文关怀的双重维度。在规范肺结核戒毒人员管理时，既严格执行传染病防治法，又创新人文化管理；在衔接帮扶环节，既明确司法行政机关的法定职责，又提出解戒人员权益保障清单建议。这种刚性与柔性相济的制度设计，充分体现了我国戒毒工作“以人为本、科学戒治”的核心价值。

本书中标准的编纂过程是多人智慧凝聚的结晶。书中收录的五项戒毒工作地方标准，集中展现了海南省琼山强制隔离戒毒所近年来在专业化、标准化领域的创新成果。在此，谨向所有参与标准化制定的民警致以崇高敬意。正是你们辛勤探索、总结研究，才使这本源于实践的工作标准得以系统呈现。让我们共同携手，以科学标准筑牢戒毒防线，用专业力量点亮迷途者的新生之路。

《知行——科学戒毒工作标准》编委会

2025 年 3 月

前　言

在司法行政强制隔离戒毒事业积极探索高质量发展路径的重要阶段，标准化建设作为一项基础性、战略性工程，对提升戒毒工作规范化与科学化水平起到了关键的推动作用。为回应戒毒工作的多元需求，海南省琼山强制隔离戒毒所在上级领导单位的指导下，精心起草制定了一系列标准文件，涵盖强制隔离戒毒人员身体康复训练规范、肺结核戒毒人员强制隔离戒治规范、强制隔离戒毒人员心理矫治工作规范、司法行政强制隔离戒毒所衔接帮扶工作规范、禁毒宣传教育工作规范。具体内容如下：

在强制隔离戒毒人员身体康复训练方面，标准以促进戒毒人员身体机能恢复为目标，制定了针对性的训练方案，帮助他们增强体质，为回归社会奠定基础。

在肺结核戒毒人员强制隔离戒治方面，充分考虑到传染病防控与戒毒管理的双重需求，标准不仅对收治流程、隔离措施作出了严格规定，还制定了科学的治疗方案和康复计划，确保戒毒人员的健康得到有效保障。

在强制隔离戒毒人员心理矫治方面，关注戒毒人员的心理健康，标准旨在通过专业的心理评估与干预，帮助他们克服心理障碍，重塑健康的人格。

在司法行政强制隔离戒毒所衔接帮扶方面，标准旨在搭建戒毒所与社会之间的桥梁，为戒毒人员提供就业指导、社会融入等多方面的支持，助力他们顺利回归社会。

在禁毒宣传教育领域，标准致力于创新宣传形式，丰富宣传内容，通过开展形式多样的宣传活动，切实提高公众对毒品危害的认知水平，营造全民禁毒的良好氛围。

上述标准文件严格遵循标准化规则起草，多数依照 GB/T 1.1—2020《标准化工作导则　第 1 部分：标准化文件的结构和起草规则》，部分依据 GB/T 1.1—2009 的规则制定。文件由海南省琼山强制隔离戒毒所作为起草单位，汇聚专业智慧，将丰富的理论研究成果与大量的实践经验深度融合，为不同场景的戒毒工作提供清晰、规范的操作指引。

标准文件的出台，从管理、教育、医疗、运动、心理等多个维度对戒毒工作进行系统性规范，致力于实现有效戒除毒瘾与保障戒毒人员身心健康的双重目标，推动戒毒人员顺利回归社会，进一步助力构建更加完善、科学、高效的司法行政强制隔离戒毒工作体系。

目　　录

强制隔离戒毒人员身体康复训练规范

（2019 年 12 月 18 日海南省市场监督管理局发布
DB 46/T 504—2019　自 2020 年 2 月 1 日起实施）

1　范围

本标准规定了戒毒人员身体康复训练工作目标、工作原则、运行机制、场地和技术保障、主要工作内容、生理脱毒期身体康复训练、教育适应期身体康复训练、康复巩固期身体康复训练、回归指导期身体康复训练、病残戒毒人员身体康复训练等内容。

本标准适用于强制隔离戒毒所戒毒人员身体康复训练。

2　规范性引用文件

下列文件对于本文件的应用是必不可少的。凡是注日期的引用文件，仅所注日期的版本适用于本文件。凡是不注日期的引用文件，其最新版本（包括所有的修改单）适用于本文件。

GB/T 34311　体育场所开放条件与技术要求　总则

3　术语和定义

下列术语与定义适用于本标准。

3.1　强制隔离戒毒人员

根据《中华人民共和国禁毒法》《戒毒条例》《海南经济特区禁毒条例》，公安机关对吸毒成瘾人员决定予以强制隔离戒毒的，被采取强制隔离戒毒措施的人员，以下简称戒毒人员。

3.2　病残戒毒人员

经医疗机构确认患有艾滋病、心脏病、传染病、精神病等严重疾病和具有运动功能障碍程度明显的，被采取强制隔离戒毒措施的人员。

3.3　强制隔离戒毒人员身体康复训练

运用体育的各种手段进行康复，以达到戒毒人员恢复身体机能，提高身体素质，弥补和重建戒毒人员的身体功能缺失，建立健康体适能，摆脱毒品的生理与心理依赖的一门新兴学科和技术。

3.4　康复训练中心

全国统一的司法行政戒毒工作基本模式的五大专业中心之一，主要担负戒毒人员康复训练工作，包括制定训练计划、体质测试、理论教学、场地训练指导、考核评定等相关工作。

3.5　大队康复指导站

康复训练中心的下设机构，大队“两站两室”之一，主要负责执行戒毒人员训练计划，组织实施运动实时监控，完成训练现场评估等工作。

3.6　运动戒毒专家团队

由外聘专家、专（兼）职民警康复训练专业指导员组成的运动戒毒专家团队，主要担负戒毒人员专项训练、运动戒毒课题研究、运动戒毒优势项目研发等任务。

3.7 专职民警康复训练专业指导员

康复训练中心专门从事运动戒毒工作并具有相应的体育运动资质的民警。

3.8 兼职民警康复训练专业指导员

大队康复指导站兼职从事运动戒毒工作并具有相应的体育运动资质的民警。

3.9 生理脱毒区

对新收治急需脱毒治疗的戒毒人员实施病房式管理，采取医疗、心理、运动等措施开展急性生理脱毒治疗和健康状况检查的戒治区。

3.10 教育适应区

戒毒人员经生理脱毒区评估流转，考核合格后进入教育适应区，实施军营式管理，对戒毒人员开展行动养成训练、团队意识培养、病症评估治疗、健康知识宣教和身心状态调整的戒治区。

3.11 康复巩固区

戒毒人员经教育适应区评估流转，考核合格后进入康复巩固区，实施校园式管理，帮助戒毒人员重构心理健康、增强体质体能、掌握劳动技能、促进身心康复的戒治区。

3.12 回归指导区

戒毒人员经康复巩固区评估流转，考核合格后进入回归指导区，实施社区式管理，采取社会化矫治，帮助其重建社会支持系统，提高社会适应能力的戒治区。

4 工作目标

以“增强戒毒人员意志力、恢复和改善身体机能”为戒毒人员身体康复训练工作目标，帮助戒毒人员掌握身体康复训练常识，培养坚强意志和优良品质，增强团体合作意识和锐意进取的精神，不断改善戒毒人员的身体素质和体能，提升戒毒人员适应社会生活能力。

5 工作原则

应遵循身体康复训练的科学技术和实践规律，坚持“因人施训、循序渐进、科学规范、安全有效”的工作原则，引导戒毒人员提高对身体康复训练的重要性认识，充分调动戒毒人员的参训热情，积极有序地开展身体康复训练工作。

5.1 因人施策

在选择身体康复训练项目时，应充分考虑戒毒人员的身体特质和场所训练项目的可行性，做到因人施训，因地制宜。选定身体康复训练项目，既能够满足戒毒人员对身体康复训练的实际需求，又能够符合场所身体康复训练硬件设施的保障条件，在现有条件下发挥最佳能效。

5.2 循序渐进

在对戒毒人员进行身体康复训练时，应做到运动项目由易到难、运动强度由低到高，运动项目和运动强度的推进应进行考核评估，切实可行。实施增强某种体能的锻炼方案时应逐渐增加负荷，最后实现大强度训练。

5.3 科学规范

在身体康复训练过程中，应遵循运动科学规律，规范身体康复工作流程，严格执行运动处方，及时开展实时监测，了解掌握运动对象，调整控制运动指标，以获得最大运动康复成效。戒毒人员的身体康复是通过“负荷—疲劳—恢复—提高”这种循环往复的过程实现的，注意交叉采用大小运动量相结合的方法，从锻炼中获得最大收益，在进行下一次锻炼前必须注意充分休息。

5.4 安全有效

戒毒人员的各项身体机能指标应体现为中偏低，康复训练中易突发运动性疾病、容易发生运动损伤。在组训过程中，应建立运动安全风险评估和预防制度，加强训练实时监控，重视戒毒人员运动强度的主观反应，充分了解戒毒人员的身体状况，合理安排课程内容，及时调整运动项目和运动强度，降低身体受伤的可能，提高运动康复效能。

6 运行机制

康复训练工作实体化运行，实行“3321”工作法，简述即：三次体测、三种训练、二个结合、一个机制。

6.1 三次体测

以“入所1个月内”、“执行期满1年”、“出所前1个月”体质监测和运动处方作为戒毒人员康复训练的基本依据，确保戒毒人员开展分期分区分类康复训练的准确性。

6.2 三种训练

以适应性、恢复性、拓展性康复训练内容作为戒毒人员康复训练的重要抓手，切实提高戒毒人员康复训练的针对性。

6.3 二个结合

以有氧运动与无氧运动相结合、集中训练与自主训练相结合作为戒毒人员康复训练的主要形式，全面提升戒毒人员康复训练的科学性。

6.4 一个机制

以“一体化（一站式）”作为戒毒人员康复训练服务保障机制。通过戒毒科指导康复训练中心、康复训练中心服务功能大队、功能大队直接设立康复指导站的实体化运行机制，形成康复训练专业服务保障无缝链接，实现戒毒人员康复训练的实效性。

7 场地、技术和人员保障

7.1 智能化建设

7.1.1 运动戒毒大数据云平台

整合五大专业中心数据，实现中心与大队“两站两室”信息资源共享，打破信息孤岛。

7.1.2 运动戒毒智能管理系统

管理系统内容包括以下：

a）戒毒人员基本信息录入和管理；

b）出具团体、个人运动处方；

c）运动前、中、后的安全风险评估和处理；

d）运动项目、强度、频率、时间和注意事项；

e）戒毒人员运动实时监控；

f）训练内容智能化教学；

g）运动理疗设置。

7.1.3 运动戒毒智能评估系统

开展戒毒人员智能化、阶段性的运动综合评定，深度融合医疗、运动、心理、膳食等内容。

7.2 运动场所建设

7.2.1 场馆开放条件

参考 GB/T 34311《体育场所开放条件与技术要求　总则》。

7.2.2 室外康复训练场所

建设室外康复训练广场，配置跑道、篮球场、室外训练器械等。

7.2.3 室内康复训练场所

7.2.3.1 建设康复训练中心，建立和完善康复训练规章制度，按照生理脱毒区、教育适应区、康复巩固区和回归指导区设置身体康复训练区域，配置跑步机、功率自行车、动感单车、划船器、椭圆机等综合力量训练器械和平衡板、弹力带、绳梯、瑞士球等小器械，定期对运动器械进行检查，保证运动器械正常使用。

7.2.3.2 建设大队康复指导站，明确职责和工作流程，设立戒毒人员自主训练区，配置篮球、排球、乒乓球（拍）、羽毛球（拍）、平衡板、弹力带、绳梯、瑞士球等。

7.3 体质监测区建设

7.3.1 体质监测设备

配置检测身高、体重、肺活量、台阶指数、握力、纵跳、坐位体前屈、闭眼单脚站立、选择反应时间、俯卧撑和 1 分钟仰卧起坐等仪器，适时配置人体成分分析仪、骨密度检测仪、心肺功能测试仪、血管机能检测仪、可穿戴式设备等。

7.3.2 设备保障

7.3.2.1 仪器设备应满足测评与训练要求。

7.3.2.2 测试设备应达到计量精度要求。

7.3.2.3 所有设备应定期校验。

7.4 技术和人员保障

7.4.1 技术人员资质

戒毒人员身体康复训练专业技术保障队伍的人员应取得社会体育指导员、健身教练、体育运动员等相关资质，或具有高等体育院校体育专业资质。

7.4.2 成立康复训练专家团队

积极与高校和科研机构建立合作关系，开展康复训练优势项目研发，开通外聘专家和社会化保障渠道。

7.4.3 成立专职民警康复训练专业指导员队伍

康复训练中心应配备3—5名专职民警康复训练专业指导员。

7.4.4 成立兼职民警康复训练专业指导员队伍

大队康复指导站应配备2—4名兼职民警康复训练专业指导员。

7.4.5 成立戒毒人员康复训练互助组

戒毒人员康复训练互助组每组一般不超过10人，应在戒毒人员互助组开展社会体育指导员培训，充实专业技术保障力量。

7.5 运动风险防范

设立运动安全风险评估防范区，制定运动安全风险评估防范处置预案，对运动前、中、后的安全风险进行评估、防范和处置。运动风险防范应重点控制运动心率，参考值见附录B、附录C。

8 主要工作内容

8.1 全员建档

建立戒毒人员身体康复训练档案，落实全员建档的要求，康复训练中心建立戒毒人员身体康复训练电子档案，各大队康复指导站建立戒毒人员身体康复训练纸质档案。档案包括：戒毒人员基本信息表、体质监测报告、康复训练登记表、评定与考核等。

8.2 体质监测

戒毒人员体质监测分为3个阶段，即：入所1个月内、执行期满1年、出所前1个月体质监测。实施方法见附录A（资料性）体质测试。

8.3 理论教学

8.3.1 运动理论教学

在教育适应区开展《运动基础理论知识》教学，2—4课时，列入年度教育矫治计划。

8.3.2 康复理论教学

在康复巩固区完成部局《戒毒康复教育》19课时。

8.3.3 运动养生教学

在回归指导区完成《运动保健与养生》2—4课时，列入回归指导教育计划。

8.3.4 场地理论教学

在组织场地训练时，应实地讲解动作要领及运动注意事项。

8.4 场地训练

戒毒人员场地训练分为日常身体康复训练和每周专项身体康

复训练。

8.4.1　日常身体康复训练

日常身体康复训练列入场所一日生活制度规范，作为身体康复训练内容。

8.4.1.1　早操

早操时间为30—60分钟，由大队集中组织实施，训练内容：跑步、队列、广播体操、太极拳、八段锦、五禽戏、“一队一特色”健身操等。

8.4.1.2　课间操

上、下午各1次课间操训练，每次时间不少于10分钟，内容：戒毒人员课间操。

8.4.2　每周专项身体康复训练

每周专项身体康复训练按照“4+1+1+1”戒毒康复教育模式实施；每周半天专项身体康复训练时间，进行理论教学、室内器械训练和室外趣味训练，适时开展大强度训练。

9　生理脱毒区身体康复训练

生理脱毒区身体康复训练工作目标是配合7—15天生理脱毒工作的实施，帮助戒毒人员逐步恢复身体机能，缓解或消除急性戒断症状，确保戒毒人员生理脱毒安全。

9.1　建立档案

康复训练中心、大队康复指导站通过健康体检、体质监测、个别访谈等方法，收集整理戒毒人员基本信息，建立戒毒人员康复训练档案，并录入相关信息。戒毒人员康复训练档案随人员流转列入移交。

9.2 制定计划

康复训练中心制定康复训练周计划，确定训练项目、时间、频率、强度和注意事项，下达康复指导站执行。

9.3 编制名册

康复指导站根据戒毒人员身体状况，结合年龄差异，按照一般戒毒人员和病残戒毒人员的区分，编制戒毒人员分组训练名单。

9.4 生理脱毒区场地训练

9.4.1 训练强度

开展运动强度较低、体能消耗较少的“慢运动”。

9.4.2 训练项目

有氧训练（健步走、慢跑），拉伸训练（广播体操、热身操），平衡训练（闭目原地踏步走、平衡直线走、转体走）。

9.4.3 训练时间

每天早操30分钟，每天身体康复训练1个小时。

9.4.4 训练要求

生理脱毒区戒毒人员身体康复训练要求应符合表1的规定。

表1 生理脱毒区身体康复训练要求

<table>
<tr><th>运动项目</th><th>运动强度</th><th>运动频率
（次/每周）</th><th>运动时间
（分钟/每次）</th></tr>
<tr><td>有氧训练
（健步走、慢跑）</td><td>30%—45%最大心率或10—12主观疲劳感觉</td><td rowspan="3">5—7</td><td>20—30</td></tr>
<tr><td>拉伸训练
（广播体操、热身操）</td><td></td><td>10—20</td></tr>
<tr><td>平衡训练
（闭目原地踏步走、平衡直线走、转体走）</td><td>每一项目练习2—4组，每组重复8—12次，组间休息2—3分钟</td><td>20—30</td></tr>
</table>

9.5 考核流转

通常以主观感受考核评定，一般不采用量化标准，以安全度过急性脱毒期为底线标准，符合条件的戒毒人员可以认定为身体康复训练成绩合格，进入流转评估程序。

10 教育适应区身体康复训练

教育适应区的康复训练工作目标是完成生理脱毒并流转评估合格后进入的戒毒人员，接受不少于 1 个月的入所适应性训练，通过对运动康复的学习和训练，继续缓解或消除急性戒断症状，在帮助戒毒人员改善体质的同时，增强集体观念，培养运动习惯，建立良好的人际关系，营造积极向上的戒治氛围，帮助戒毒人员实现“要我戒”到“我要戒”的转变。

10.1 整理档案

康复指导站应及时了解掌握戒毒人员康复训练基本情况，整理和完善戒毒人员康复训练档案。

10.2 体质监测

康复指导站应在 1 周内按制式表格编制体质测试人员花名册，将其身体形态、身体机能、身体素质的情况，录入戒毒人员康复训练档案，并报送康复训练中心。康复训练中心应开展“入所 1 个月内”体质监测，实现戒毒人员体质监测信息共享，为进一步开展身体康复训练及诊断评估提供依据。

10.3 制定计划

康复训练中心结合“入所 1 个月内”体质监测数据，进行综合分析，科学开出初期运动处方，制定康复训练周计划，确定训练项目、时间、频率、强度和注意事项，下达康复指导站执行。

10.4 编制名册

康复指导站根据戒毒人员身体状况，结合吸毒类别，按照传统毒品和新型毒品的区分，编制戒毒人员分组训练名单。

10.5 课堂教学

完成《运动基础理论知识》教学，使戒毒人员掌握康复基本理论，重视和配合康复训练。

10.6 教育适应区场地训练

10.6.1 训练强度

以适应性运动康复训练为主，运动强度为中、低。

10.6.2 训练项目

有氧训练（快速走、中速跑），团体训练（队列项目、课间操、太极拳），平衡协调训练（闭目单足站立、闭目直线走、障碍跑），器械训练（跑步机、功率自行车、椭圆机）。

10.6.3 训练时间

每天早操1小时，上午和下午康复训练按照《海南省入所教育工作考核验收办法（试行）》实施，每期安排3—5次室内器械训练。

10.6.4 训练要求

教育适应区戒毒人员身体康复训练要求应符合表2的规定。

表 2　教育适应区身体康复训练要求

<table>
<tr><th>运动项目</th><th>运动强度</th><th>运动频率
（次/每周）</th><th>运动时间
（分钟/每次）</th></tr>
<tr><td>有氧训练（快速走、中速跑）</td><td>30%—45% 最大心率或 10—12 主观疲劳感觉</td><td rowspan="3">3—5</td><td>30—40</td></tr>
<tr><td>团体训练（队列项目、课间操、太极拳）</td><td></td><td>20—30</td></tr>
<tr><td>平衡协调训练（闭目单足站立、闭目直线走、障碍跑）</td><td>每一项目练习 2—4 组，每组重复 8—12 次，组间休息 2—3 分钟</td><td>30—40</td></tr>
<tr><td>器械训练（跑步机、功率自行车、椭圆机）</td><td>30%—45% 最大心率或 10—12 主观疲劳感觉</td><td>每周 1 次</td><td>20—50</td></tr>
</table>

10.7　考核流转

参照入所教育制定的项目考核标准。

11　康复巩固区身体康复训练

康复巩固区康复训练是戒毒人员身体机能和身体素质全面恢复的主要时期，训练对象为教育适应区流转评估合格后进入的戒毒人员，以恢复性训练为主，通过对运动康复的系统性学习和训练，身体机能和身体素质得到更好的恢复和提高，基本达到健康体适能的标准，从而增强戒毒人员戒除毒瘾的信心和决心，实现“我要戒”到“我能戒”的转变。

11.1　整理档案

康复指导站应及时了解掌握戒毒人员康复训练基本情况，整理和完善戒毒人员康复训练档案。

11.2 体质监测

康复指导站按制式表格编制体质测试人员花名册，开展“执行期满1年”体质监测，将其身体形态、身体机能、身体素质的情况，录入戒毒人员康复训练档案，并报送康复训练中心。康复训练中心应及时安排戒毒人员进行体质测定，实现戒毒人员体质监测信息共享，为进一步开展体能训练及诊断评估提供依据。

11.3 制定计划

康复训练中心结合“执行期满1年”体质监测数据，进行综合分析，科学开出中期运动处方，及时反馈戒毒人员健康水平和体质改善状况，开出调整性运动处方。制定康复训练周计划，确定训练项目、时间、频率、强度和注意事项，下达康复指导站执行。

11.4 编制名册

康复指导站根据戒毒人员身体状况，结合吸毒类别、年龄，按照传统毒品（40岁以下、40岁以上）和新型毒品（40岁以下、40岁以上）的区分，最少分4个训练组编制戒毒人员分组训练名单，每组人数为50人以下。

11.5 课堂教学

执行康复巩固区教育计划，完成部局教材《戒毒康复教育》教学，促使戒毒人员对康复训练实现“增强意愿、修复个性、掌握技巧、构建习惯”。

11.6　康复巩固区场地训练

11.6.1　训练强度

以有氧运动为主的恢复性运动康复训练，运动强度为中、高。

11.6.2　训练时间

早操时间为40分钟，工间操分为上、下午各10分钟，每周半天的专项身体康复训练（室内器械训练1次）。

11.6.3　集体训练项目

24式简化太极拳、太极扇、五禽戏、八段锦、“一队一特色”健身操、健身处方操等。

11.6.4　个体训练项目

速度素质训练（变速跑、原地高抬腿跑、快速反复起跳等）；力量素质训练（负重、俯卧撑、仰卧起坐、引体向上等）；耐力素质训练（1分钟立卧撑、重复爬坡跑、连续半蹲跑、连续跑台阶等）；柔韧素质训练（拉伸腿部肌肉、拉伸背部肌肉、肩部环绕练习、摆胯及绕胯练习等）；灵敏素质训练（障碍跑、折返跑、模仿跑等）；协调素质训练（单腿深蹲、跳绳等）；平衡素质训练（跳绳、单脚站立、脚尖站立、顶物走、蒙眼走等）。

11.6.5　健身器械训练项目

跑步机、划船机、健身单车、椭圆机、平衡板、健身球等。

11.6.6　训练要求

康复巩固区戒毒人员身体康复训练要求应符合表3的规定。

表 3　康复巩固区身体康复训练要求

运动项目	运动强度	运动频率（次/每周）	运动时间（分钟/每次）
有氧训练（快走、中速跑）	40%—50% 最大心率或 12—13 主观疲劳感觉	3—5	30
拉伸训练（太极拳、八段锦、课间操、“一队一特色”健身操）	完成套路运作		20
平衡协调训练（平衡板、绳梯、瑞士球）	每一项目练习 4—6 组，每组重复 8—12 次，组间休息 2—3 分钟		30
器械训练（跑步机、功率自行车、椭圆机、划船机）	60%—75% 最大心率或 14—15 主观疲劳感觉	1	30—60
力量训练（自重训练）	60%—75% 最大心率或 14—15 主观疲劳感觉	1	30
其他康复训练（脑功能恢复训练、稳定性训练、反应能力训练等）		1—2	20

11.7　考核流转

根据体质监测、心理测评、生化检测等结果，参照考核标准，结合戒毒人员参与康复训练的积极程度、考勤情况、纪律表现等，公平、公正地进行评估。

12　回归指导区身体康复训练

身体康复训练在回归指导区的工作目标以拓展性训练为主，通过自主式开放式趣味性的康复训练，实现戒毒人员身心健康，帮助其增强社会适应能力，引导其实现“我能戒”到“我持戒”的转变，为回归社会打下良好的基础。

12.1 整理档案

康复指导站应及时了解掌握戒毒人员康复训练基本情况，整理和完善戒毒人员康复训练档案。

12.2 体质监测

康复指导站按制式表格编制体质测试人员花名册，并报送康复训练中心。康复训练中心应开展“出所前 1 个月”体质监测，并出具戒毒人员康复训练综合性报告。

12.3 制定计划

康复训练中心结合“出所前 1 个月”体质监测数据，进行综合分析，科学开出后期运动处方，制定康复训练周计划，确定训练项目、时间、频率、强度和注意事项，下达康复指导站执行。

12.4 编制名册

康复指导站根据戒毒人员身体状况和年龄，按照 40 岁以下、40 岁以上的区分，最少分 2 个训练组编制戒毒人员分组训练名单。

12.5 课堂教学

完成《运动保健与养生》理论教学。

12.6 回归指导区场地训练

12.6.1 训练强度

以拓展性训练为主，运动强度为中、高。

12.6.2 训练时间

早操时间为 40 分钟，每周 3 次、每次 2 课时专项身体康复训练（室内器械训练 1 次）。

12.6.3 集体项目训练

24 式简化太极拳、八段锦、“一队一特色”健身操等。

12.6.4 个体项目训练

速度素质训练（中长跑、快速跑、快速反复起跳等）；力量素质训练（负重、俯卧撑、仰卧起坐、引体向上等）；耐力素质训练（1 分钟立卧撑、重复爬坡跑、连续半蹲跑、连续跑台阶等）；平衡素质训练（跳绳、单脚站立、脚尖站立、顶物走、蒙眼走等）。

12.6.5 健身器械项目训练

跑步机、划船机、健身单车、椭圆机等。

12.6.6 趣味运动项目

花样传球、拔河、袋鼠跳、搭桥过河、球类赛等。

12.6.7 拓展训练项目

个人挑战、团队协作、脑能训练等。

12.6.8 训练要求

回归指导区采取拓展训练与趣味运动相结合的社会性运动康复训练形式，列入回归指导教育计划，戒毒人员身体康复训练要求应符合表4 的规定。

表 4　回归指导区身体康复训练要求

<table>
<tr><th>运动项目</th><th>运动强度</th><th>运动频率（次/每周）</th><th>运动时间（分钟/每次）</th></tr>
<tr><td>有氧训练（中长跑、快速跑）</td><td>50%—65% 最大心率或 13—14 主观疲劳感觉</td><td rowspan="3">5—7</td><td>30</td></tr>
<tr><td>拉伸训练（太极拳、八段锦、课间操、“一队一特色”健身操）</td><td>完成套路运作</td><td>20</td></tr>
<tr><td>趣味运动（花样传球、拔河、袋鼠跳、搭桥过河、球类赛）</td><td>每一项目练习 4—6 组，每组重复 8—12 次，组间休息 2—3 分钟</td><td>30—60</td></tr>
<tr><td>器械训练（跑步机、功率自行车、椭圆机、划船机）</td><td>60%—75% 最大心率或 14—15 主观疲劳感觉</td><td>1</td><td>30—60</td></tr>
<tr><td>其他康复训练（脑功能恢复训练、稳定性训练、反应能力训练等）</td><td></td><td>1—2</td><td>20</td></tr>
</table>

12.7　考核与评定

考核内容包括理论考试、场地训练、体质测定、心理测评、生化检测等，由康复训练中心出具康复训练综合报告。

13　病残戒毒人员身体康复训练

13.1　病残戒毒人员训练

生理脱毒区、教育适应区、康复巩固区、回归指导区病残戒毒人员身体康复训练，应在保证安全的前提下，参加适宜的体能康复训练，以促进身体康复、改善脑功能，有效恢复身心健康。

13.2 训练要求

病残戒毒人员身体康复训练可参照各区的内容和要求，但运动强度不超过最大心率的45%（最大心率参考附录B）。

附　录　A

（资料性）

戒毒人员体质测试

A.1　适用对象

适用对象为20—69周岁的强制隔离戒毒人员，按年龄、性别分组，每5岁为一组。男女共计16个组别。20周岁以下人员划分到20—24岁人群组别。

年龄计算方法应符合下列规定：

测试时已过当年生日者：年龄＝测试年－出生年；

测试时未过当年生日者：年龄＝测试年－出生年－1。

A.2　测试内容和指标

参考《国民体质测定标准》，测试指标包括身体形态、身体机能和体能素质三类，见表A.1。

A.2.1　形态指标

A.2.1.1　身高

反映人体骨骼生长发育和人体纵向高度的主要形态指标。通过与体重、其他肢体长度及围度、宽度指标的比例关系，可以反映人体匀称度和体型特点，此外在计算身体指数、评价体格特征和相对运动能力方面也有较为重要的应用价值和实际意义。

A.2.1.2　体重

体重是反映人体横向生长及围度、宽度、厚度及重量的整体指标。它不仅能反映人体骨骼、肌肉、皮下脂肪及内脏器官的发育状况和人体充实度，而且可以间接地反映人体营养状况。体重过重，可出现不同程度的肥胖，而过度肥胖，又是引发许多心血管疾病的重要原因。体重过轻，则可作为营养不良或患有疾病的重要特征。因此，适宜的体重，对于成年人的健康和体质有重要的意义。

A. 2. 2 机能指标

A. 2. 2. 1 肺活量

评价人体生长发育水平和体质状况的一项常用机能指标。

A. 2. 2. 2 台阶试验

评定心血管系统机能水平。

A. 2. 3 体能指标

通过测试静止状态下躯干、腰、髋等关节可能达到的活动幅度，评价这些部位关节、韧带和肌肉的伸展性和弹性。

A. 2. 3. 1 握力

握力主要测试前臂及手部肌肉的力量。

A. 2. 3. 2 背肌力

测试腰背部肌肉的最大伸展力。

A. 2. 3. 3 纵跳

通过测试受试者的纵跳高度，反映下肢的弹跳。

A. 2. 3. 4 闭眼单脚站立

主要是用于检查人体平衡能力，也可以用于评价位置感觉、视觉和本体感觉之间的协调能力。

A. 2. 3. 5 选择反应时

评价受试者神经肌肉系统的反应和动作的综合能力。

A.2.3.6 俯卧撑（男）

间接评价受试者的肌肉持续工作能力。

A.2.3.7 一分钟仰卧起坐（女）

仰卧起坐主要反映受试者腰腹部肌群力量。

表 A.1 戒毒人员体质测试指标

类别	20—39 岁	40—59 岁	60—69 岁
身体形态	身高 体重	身高 体重	身高 体重
身体机能	肺活量 台阶试验	肺活量 台阶试验	肺活量
体能素质	握力 坐位体前屈 闭眼单脚站立 选择反应时 俯卧撑（男）/1 分钟仰卧起坐（女） 纵跳	握力 坐位体前屈 闭眼单脚站立 选择反应时	握力 坐位体前屈 闭眼单脚站立 选择反应时

A.3 测试方法

A.3.1 形态指标

A.3.1.1 身高

测试仪器：电子或机械标准身高计。使用前应用标准钢尺校正，1 米的误差不得大于 0.1 厘米。同时应检查立柱与底板是否垂直，连接处是否紧密，有无晃动，零件有无松脱等情况并及时加以纠正。

测试方法：受试者赤足，立正姿势站在身高计的底板上（上肢自然下垂，足跟并拢，足尖分开成 60 度）。足跟、骶骨部及两肩胛间与立柱相接触，躯干自然挺直，头部正直，两眼平视前方，使其耳屏上缘与两眼眶下缘呈水平位。测试人员站在受试者右侧，将水平压板轻轻沿立柱下滑，轻压于受试者头顶。测试人员读数时双眼应与压板平面等高进行读数。记录以厘米为单位，精确到小数点后一位，填入方格内。电子身高计直接读显示屏上的数字并记录。

A.3.1.2 体重

测试仪器：指定的电子人体秤。使用前需检验其准确度和灵敏度。准确度要求每千克误差小于0.1千克。检验方法是：以备用的10、20、30千克标准砝码（或用等重标定重物代替）分别进行称量，检查指示读数与标准砝码误差是否在允许范围。灵敏度检验方法是：置100克重砝码，电子体重计应显示0.1千克。

测试方法：测试时，电子体重计应放在平坦地面上，按开关键回0。男性受试者身着短裤，女性受试者身着短裤和短袖衫（背心），站立于秤中央。等受试者站稳后，测试人员将显示屏的数据记录下来。记录以千克为单位，精确到小数点后一位。

A.3.2 机能指标

A.3.2.1 肺活量

测试仪器：电子肺活量计。

测试方法：使用电子肺活量计测试时，首先将肺活量计接上电源（可以用电池或用外接电源），按电源开关，显示屏上先闪耀“8888”，后显示0，表示仪器处于工作状态。测试时，先将口嘴装在文式管的进气口，受试者手握文式管手把，保持导压软管在文式管上方的位置，头部略向后仰，尽力深吸气直至再不能吸气为止，然后将嘴对准口嘴做尽力的深呼气，直到不能呼气为止。此时显示器上显示的数据即为肺活量值。测试两次，取最大值，记录以毫升为单位，不计小数。

A. 3. 2. 2　台阶试验

测试仪器：台阶若干个（高度：男台为 30 厘米，女台为 25 厘米），电子台阶试验仪、秒表（备用）。

测试方法：受试者站立在台阶前方，按照节拍器（测试仪含此节拍器）发出的提示音上下台阶。即从预备姿势开始，当听到第 1 响时，一只脚踏在台阶上，第 2 响时踏台阶腿伸直另一只脚跟上成台阶上站立，第 3 响时，先踏台阶的脚下来，第 4 响时另一只脚下地还原成预备姿势。在测试中采用 2 秒上下踏台阶一次的速度，连续做 3 分钟。运动完毕后，令受试者立刻静坐在椅子上，将测试仪的指脉夹夹在受试者的中指前方，测试仪将自动采集受试者的三次脉搏数。整个测试结束后将运动时间及三次心率值填入卡片。如果受试者在运动中坚持不下去或跟不上上下台阶频率三次者，测试人员应立即停止受试者运动，同时按下功能键，然后以同样方法测取脉搏数并记录。人工测试脉搏的方法，测试运动停止后 1 分到 1 分半钟、2 分到 2 分半钟、3 分到 3 分半钟的三次脉搏数。

A. 3. 3　体能指标

A. 3. 3. 1　坐位体前屈

测试仪器：电子坐位体前屈计（幼儿用机械测试计）。

测试方法：受试者坐在平地上（有垫物），两腿伸直，脚跟并拢，脚尖分开踩在测试计平板上，然后两手并拢，两臂和手指伸直，渐渐使上体前屈，用两手指尖轻轻推动标尺上的游标前滑（不得有突然前振的动作），直到不能继续前伸时为止。测试两次，记录最好成绩。测试计0点以前为负值，0点以后为正值。

记录方法：以厘米为单位，精确到小数点后一位。

A.3.3.2 握力

测试仪器：电子握力计。

测试方法：将握力计显示屏调至“0”位，受试者手持握力计，转动握距调节钮，调至适宜握距，测试时，受试者两脚自然分开（约一脚距离），身体直立，两臂自然下垂，用有力手以最大力紧握上下两个把柄。测试两次，取最大值，记录以千克为单位，精确到1位小数。

A.3.3.3 背肌力

测试仪器：电子背力计。

测试方法：将背力计显示屏调至“0”，受试者两脚尖分开约15厘米直立在背力计的地盘上，两臂和两手伸直下垂于同侧大腿的前面，使背力计握柄与两手指尖接触，以此高度确定背力计拉杆的长度。测试时，受试者两腿伸直，上体略前倾（约30度），两臂伸直紧握把柄（手心向内），用最大力气向上拉。测试两次，记录最大值，记录以千克为单位不计小数。

A.3.3.4 纵跳

测试仪器：电子纵跳计。

测试方法：受试者踏上纵跳计踏板，当测试计的显示屏显示“00”时，受试者尽最大力量向上跳起，落地后测试计自动显示测试值，如果落地不在测试计的踏板上，测试计将不会显示数值，该次测试为失败。测试两次，取最好成绩。记录以厘米为单位，精确到小数点后一位。

A. 3. 3. 5　闭眼单脚站立

测试仪器：电子单脚站立测试仪。

测试方法：受试者两手任意放置、闭眼，用习惯脚单脚（穿鞋）站立在测试仪平台上，另一腿屈膝使脚离开地面，姿势不限。从提起脚离开平台开始计时，至离地脚落地或站立脚移动停表，计算闭眼单脚站立的时间。记录以秒为单位，不计小数。

A. 3. 3. 6　选择反应时

测试方法：测试开始时，受试者的中指按住“启动键”，当1—5 号信号键发出信号时（声、光同时发出），中指以最快速度按向发出信号的键。当中指按下该键，灯光信号随即消失。受试者将中指退回“启动键”，并再次按住“启动键”，等待下一个信号的发出。每一次测试需按下五个信号键，将第五个信号键按下后，所有信号键都发出光和声，表示测试结束，此时测试仪显示的数字为选择反应时，我们称之为“时间 1”。将查询键按下，显示的数字是信号发出到受试者的中指离开“启动键”的时间，我们称之为“时间 2”。分别将这两个时间填入数据登录卡片。

A. 3. 3. 7　俯卧撑（男）

场地器材：俯卧撑测试仪或平坦地面一块，垫子或其他垫物若干块。

测试方法：受试者两手掌撑地，手指向前，两手掌间距与肩同宽，两腿向后伸直，身体挺直，然后屈臂使身体平直下降，使肩与肘接近同一平面，躯干、臂部和下肢要挺直，然后撑起恢复到开始预备姿势为完成一次，记录完成的次数。

A. 3. 3. 8 一分钟仰卧起坐（女）

场地器材：一分钟仰卧起坐测试仪或垫子若干块（或代用品），秒表。

测试方法：受试者全身仰卧于铺放平坦的软垫上，两腿稍分开，屈膝呈90度左右，两手指交叉抱头贴于脑后。另一同伴压住受试者两侧踝关节处，以便固定下肢。受试者起坐时两肘关节触及或超过双膝为完成一次。仰卧时两肩胛必须触垫。测试人员发出“开始”口令的同时开表计时，记录一分钟内受试者完成次数。一分钟时间结束时，受试者虽已坐起但两肘关节未触及或超过双膝关节者不计该次数。计数填入方格内。

A. 4 评定方法和规则

采用单项评分和综合评级进行评定。

A. 4. 1 单项评分

单项评分包括身高、标准体重、肺活量、台阶试验、握力、纵跳、坐位体前屈、闭眼单脚站立、选择反应时、俯卧撑、1分钟仰卧起坐评分。采用5分制。具体参照国家体育总局发布的《国民体质测定标准》。

A. 4. 2 综合评定

体质评价指标见表A. 1。体质综合评级是根据受试者体质各单项得分之和确定，共分四个等级：一级（优秀）、二级（良好）、三级（合格）、四级（不合格）。任意一项指标无分者，不进行综合评级。

体质综合评级适用于各阶段诊断评估，具体参照国家体育总局发布的《国民体质测定标准》。

附　录　B

（资料性）

戒毒人员运动目标心率参考

B.1　运动目标心率参考值

本表提供了强制隔离戒毒人员开展运动项目目标心率参考值。

表 B.1　戒毒人员运动目标心率参考表

年龄	最大心率	预期运动强度参考心率值					
		30%	45%	50%	60%	65%	75%
20	194	111	129	135	146	152	164
25	190	110	127	133	144	150	161
30	187	109	125	131	142	148	159
35	183	107	124	129	140	145	156
40	180	107	122	128	138	143	154
45	177	102	118	124	134	140	150
50	173	101	116	122	132	137	147
55	170	100	115	120	130	135	145
60	167	96	111	116	126	131	142
65	163	94	109	114	124	129	139

注：以上数值仅参考，以实际计算为准。

B.2　心率计算方法

B.2.1　最大心率计算公式

（220－年龄）×0.97。

B.2.2　安静心率

戒毒人员安静心率以实际测量为准，参考范围：20—40 岁为

75 次/分,45—55 岁为 70 次/分，60 岁以上为 65 次/分。

B. 2. 3 靶心率

（最大心率 - 安静心率）× 预期强度% + 安静心率。

B. 2. 4 简易计算靶心率

40 岁以下：180 - 年龄。

40 岁以上：170 - 年龄。

简易计算靶心率仅供参考。

附　录　C

（资料性）

戒毒人员运动主观感受与心率对照参考

表 C.1　戒毒人员运动主观感受与心率对照参考表

<table>
<tr><th>分级量</th><th>主观感受</th><th>对应心率参考值</th></tr>
<tr><td>6</td><td>安静</td><td>安静心率</td></tr>
<tr><td>7</td><td rowspan="2">极其轻松</td><td rowspan="2">70</td></tr>
<tr><td>8</td></tr>
<tr><td>9</td><td>很轻松</td><td rowspan="2">90</td></tr>
<tr><td>10</td><td rowspan="2">轻松</td></tr>
<tr><td>11</td><td rowspan="2">110</td></tr>
<tr><td>12</td><td rowspan="3">有点吃力</td></tr>
<tr><td>13</td><td rowspan="2">130</td></tr>
<tr><td>14</td></tr>
<tr><td>15</td><td>吃力</td><td rowspan="2">150</td></tr>
<tr><td>16</td><td rowspan="3">非常吃力</td></tr>
<tr><td>17</td><td rowspan="2">170</td></tr>
<tr><td>18</td></tr>
</table>

注：以上数值仅参考，训练中要加强实时监测，以戒毒人员实际运动心率计算为准。

肺结核戒毒人员强制隔离戒治规范

（2021 年 8 月 2 日海南省市场监督管理局发布
DB 46/T 541—2021　自 2021 年 9 月 1 日起实施）

1　范围

本标准规定了肺结核戒毒人员强制隔离戒治规范的小组分工、收治管理、常规管理、安全管理、生活卫生管理、教育矫治、医疗管理、出所前教育、保障措施等内容。

本标准适用于司法行政强制隔离戒毒所肺结核戒毒人员戒治管理规范。

2　规范性引用文件

下列文件中的内容通过文中的规范性引用而构成本文件必不可少的条款。其中，注日期的引用文件，仅该日期对应的版本适用于本文件；不注日期的引用文件，其最新版本（包括所有的修改单）适用于本文件。

GB 18466—2005　医疗机构水污染物排放标准

GB 39707—2020　医疗废物处理处置污染控制标准

WS 288—2017　肺结核诊断

DB 46/T 504—2019　强制隔离戒毒人员身体康复训练规范

3 术语和定义

下列术语和定义适用于本文件。

3.1 强制隔离戒毒人员

根据《中华人民共和国禁毒法》《戒毒条例》《海南经济特区禁毒条例》，公安机关对吸毒成瘾人员决定予以强制隔离戒毒的，被采取强制隔离戒毒措施的人员。

3.2 肺结核

根据 WS 288—2017，肺结核为发生在肺组织、气管、支气管和胸膜的结核病变。

3.3 肺结核戒毒人员集中管理场所

将肺结核戒毒人员集中，进行戒除毒品的恶习及毒瘾，并且治疗管理肺结核疾病的场所。配备有相关的药物，相关的医护人员。

3.4 结核病人密切接触者

与结核病确诊病例或高度疑似病例有直接居住生活在一起的成员。

3.5 戒毒人员思想动态分析

是了解戒毒人员思想的重要工作。即及时了解不同戒毒人员的思想状况和问题，分析研究产生这些问题的原因和条件，掌握戒毒人员思想活动的特点和规律。

3.6 “六无”安全目标

无毒品流入、无脱逃、无非正常死亡、无所内案件、无生产安全事故、无重大疫情。

3.7 感染性职业暴露

指由于职业关系而暴露在危险因素中，从而有可能损害健康或危及生命的一种情况。

4 小组分工

4.1 机构组成

肺结核戒毒人员集中管理场所应成立肺结核集中管理工作领导小组，由戒毒所所长任组长，戒毒所政委任副组长，其他所领导为领导小组成员，领导小组下设肺结核病人集中管理办公室。

4.2 管理小组

负责肺结核病人的执法管理工作。由所政管理科科长任组长，成员由所政管理科、专管大队民警组成。

4.3 教育宣传小组

负责肺结核病人的常规教育、传染病防治等方面的教育工作，由医院院长、教育矫治科科长任组长，成员由医院医务工作者、教育矫治科民警、入所大队分管队领导和教育干事组成。

4.4 心理干预小组

负责肺结核病人的心理卫生工作，由心理健康指导中心主任担任组长，成员由心理健康指导中心及专管大队心理咨询师组成。

4.5 医疗小组

负责肺结核病人的诊断治疗，由戒毒所医院院长任组长，成员由所医院医务人员组成。

4.6 康复小组

负责肺结核病人的康复训练指导，康复训练中心主任担任组长，成员由康复科工作人员组成。

4.7 应急小组

负责应急突发事件的处置。由所政管理科副科长任组长，成员由入所大队民警及所应急中队成员组成。

5 收治管理

5.1 移送及接收肺结核戒毒人员

各戒毒所应当对新入所戒毒人员进行肺结核筛查，对患有肺结核的，应及时移送集中管理场所（附县级以上医院的检测报告），同时报省戒毒管理局备案，并按要求做好安全押送和档案、财、物移交工作，在移送过程中还要做好医学防护和环境消杀，对已污染的物品和污物，按规定做好消毒和医疗垃圾处理。

5.2 依法收治

肺结核戒毒人员集中管理场所应当依法接收符合下列条件的肺结核戒毒人员：

1）有决定强制隔离戒毒的法律文书；

2）当地结核病防治部门或由当地结核病防治部门指定医院出具的结核疾病证明；

3）有县级以上人民医院出具的“五项检查”材料（心电图、血常规、胸片、B 超和常规检查表）。

5.3 建立健康档案

肺结核戒毒人员集中管理场所收治肺结核戒毒人员时，应当在 15 个工作日内健全完善《肺结核戒毒人员登记表》（见附录 A），建立健全肺结核戒毒人员健康档案等资料。

5.4 病情告知

移送后应如实告知病情，并与其本人签署《肺结核戒毒人员病情告知书》（见附录B）。

6 常规管理

6.1 区域管理

肺结核戒毒人员集中管理场所应是单独划分的区域，常规情况下不允许非肺结核戒毒人员在此区域内流动，以预防结核病疫情扩散。

6.2 分期管理

根据肺结核戒毒人员入所时间和病情需要，按照入所管理期、普通管理期、关爱管理期分别管理，分别如下：

1）入所管理期：对新入所或新移送的肺结核戒毒人员实施入所管理。入所管理期不少于1个月。

2）普通管理期：对情绪基本稳定，完成入所教育的病人实施普通管理，落实现行各项管理制度。

3）关爱管理期：经上级医院检查确诊患肺结核合并有其他疾病的，给予及时对症治疗；病情较重危及生命的，可根据有关管理规定办理所外就医和社区戒毒。

6.3 纪律管理

加强对肺结核戒毒人员的日常行为管理，强化纪律行为养成，克服软懒散漫、自暴自弃的不良习气，帮助其形成良好的行为习惯，监督其自觉按疗程接受抗结核治疗和隔离管理。

6.4　分流管理

治疗完成，停药 1 个月以上，复检正常的治愈肺结核戒毒人员可根据患者本人身体情况和管理情况分流出肺结核戒毒人员集中管理场所。

6.5　互助班组管理

专管大队要按年龄、病情、民族等情况，对同期管理的病号合理编排联邦互助小组。患肺结核戒毒人员以 3—5 人组成联邦互助小组（设组长 1 人）；以三个组组成一个班（9—15 人），设班长 1 人，由其中一个组长兼任，以班为单位参与各项学习、康复活动。营造积极向上的比、学、赶、帮、超氛围，同时发挥病号之间的互学互助、互帮互监作用。

6.6　考核管理

病残管理区病号的考核参照普通戒毒人员的考核办法执行，处遇适当放宽。

6.7　探访管理

对非稳定期肺结核戒毒人员原则上实行隔离探访，特殊情况经分管所领导批准可安排家属进入戒毒管理区指定区域亲情帮教。

7　安全管理

7.1　安全要求

肺结核戒毒人员集中管理场所应当做好各项安全防范工作，严格落实安全排查、防控、应急处置、领导责任和研判制度，及时发现和整治安全隐患，在确保“六无”安全的同时做到预防传染病交叉感染。

7.2 应急处置

肺结核戒毒人员集中管理场所应当建立健全各种应急预案，并加强实战演练，使专管民警、警戒护卫大队民警和医务人员应熟悉各种预案内容、岗位职责和应对措施，遇有突发事件做到快速反应、科学处置。

7.3 监控管理

肺结核戒毒人员集中管理场所应当配备摄像头、报警等监控设备，实现重点部位的视频监控全覆盖，对肺结核戒毒人员的“学习、生活、教育和康复训练”四大现场，民警应实行直接管理和群控式管理，将其活动纳入民警的视线内，确保24小时不脱管，掌握安全防控情况。

8 生活卫生管理

8.1 日常管理

专管大队民警对患病戒毒人员必须掌握其思想动态、现实表现、基本情况、社会关系等内容，应每日进行患病戒毒人员思想动态分析会，及时分析和掌握病号的思想动态，落实监护措施。做好对病号日常的管理，进行个别教育、考核和安全监护等工作。

8.2 强化营养

肺结核戒毒人员伙食标准应适当高于其他普通戒毒人员，必要时单独制定食谱，适当调剂营养，增加营养品，以促进康复。

8.3 消毒管理

肺结核专管区内保持通风、环境清洁。每日进行紫外线消毒≥40 分钟；地面每日进行 1 次 500mg/L 浓度的氯消毒液喷洒消毒；戒毒人员包房痰盂用 2000mg/L 浓度含氯消毒液浸泡，每日定时倒入厕所排入口。

8.4　分层管理

肺结核戒毒人员宿舍应建立病号隔离室，及时隔离新入所的传染病戒毒人员，根据病情轻重，传染性强弱，实施分类管理，按病情分别安放在不同的楼层：顶层安置病情处于传染性大的进展期活动性肺结核患者，中层安置病情好转的肺结核患者，底层安置治愈的肺结核患者。空洞型肺结核、痰涂片阳性（传染性较强）以及明确耐药的肺结核戒毒人员设置单独隔离管理区域，单独隔离管理区域应设有独立的洗漱间及卫生间。

8.5　包房管理

肺结核戒毒人员实行一人一铺，每包房至少 1 个痰盂，所有痰液必须排在痰盂内。

8.6　就餐管理

肺结核戒毒人员就餐采用分餐制，不同楼层分开用餐，单独隔离管理区域在区域内用餐。餐具采用先浸泡清洗、后高温消毒的方法，每次餐后进行消毒，禁止餐具混用，切实做好疾病防治工作。

8.7　理发工具管理

每月至少理发一次，大队为每名戒毒人员统一配发剃须刀，禁止互用。以大队为单位统一使用的理发工具，每人每次使用后必须经过消毒。对单独隔离管理区域的戒毒人员进行理发应按要求做好防护措施。剃须刀和理发工具使用完后进行消毒，由民警集中保管。

9 教育矫治管理

9.1 教育原则

坚持以人为本、因人施教、兼顾身心、综合矫治的教育矫治原则，针对肺结核戒毒人员作为违法人员和病人的双重属性，科学设计教育内容。

9.2 教育目标

围绕帮助肺结核戒毒人员科学认知肺结核病、戒除毒瘾、树立生活信心的目标，认真开展认知教育、脱瘾训练及巩固教育，增强他们拒绝毒品的决心，正确对待结核病，建立正常生活行为模式。创新教育方法和手段，通过开展辅助教育、社会帮教等形式，培养肺结核戒毒人员积极健康的生活态度，感受社会关爱，重塑健康人格。

9.3 教育设施、师资人员

按有关标准配置教室、心理咨询室、个别谈话室等教育设施和配备相应的教师、心理咨询师等专业民警，为开展教育矫治工作提供良好的工作环境和条件。

9.4 身体康复训练

病残戒毒人员身体康复训练 DB 46/T 504—2019 开展，应在保证安全的前提下，参加适宜的体能康复训练，以促进身体康复、改善脑功能，有效恢复身心健康。

9.4.1 肺结核治疗期

对正在服药的肺结核戒毒人员开展每日早晨慢走运动 20 分钟，每日下午包房内训练广播体操 3 次，为后续康复训练打下体力基础。

9.4.2 肺结核治愈期

对停药治愈的肺结核戒毒人员开展上午1小时的太极扇和下午1小时的健身舞蹈项目，帮助肺结核戒毒人员恢复体力，以良好的身体状态回归社会。

9.5 心理健康教育

加强肺结核戒毒人员心理健康教育，经常开展心理咨询与评估，准确把握肺结核戒毒人员心理行为特征，针对性开展心理辅导及个体心理干预，及时收集心理矫治资料，健全完善心理矫治个案及心理健康档案。

10 医疗管理

10.1 流行病学调查

肺结核戒毒人员集中管理场所应建立与卫生、疾控部门的合作机制，主动配合属地疾控部门规范做好肺结核戒毒人员流行病学调查。

10.2 医疗功能区

在收治肺结核戒毒人员的强制隔离戒毒机构，应当配备常规肺结核检查、防治相关的检验学、影像学及其他相关设备，应设立门诊室、输液室、药房、生物实验室和隔离室等功能区。集中管理场所应设置污染区（戒毒人员生活区域），半污染区（民警职工办公区域）。上述所有区域每日按《医院消毒卫生标准》进行消毒登记。

10.3 病情分级管理

10.3.1 根据结核病的传染性强弱、性质和病情严重程度，实行隔离分级管理。肺结核病人按以下4级类别分开管理，其中A类患者中明确为耐药的进行单独隔离管理，其余的A类患者以及B、C、D类患者分别设置各自的隔离管理区域，不得混入。

10.3.2 肺结核病人分类为：

——A类：肺结核伴有空洞形成、痰涂片阳性或者明确耐药的肺结核戒毒人员为A类患者，其中明确耐药者直至疗程结束临床治愈前都为A类；

——B类：有肺结核的临床症状但不属于A类范畴的肺结核戒毒人员为B类患者；

——C类：经治疗病情有改善，影像学、病原学检查均提示好转的非耐药肺结核戒毒人员为C类患者；

——D类：无症状，痰检阴性，查胸片病灶已纤维钙化的，有诊断资质的结核病专科医师判断临床治愈的肺结核戒毒人员为D类患者。

10.4 治疗原则

根据指定医疗机构或结核病防治所做出的诊断，对明确诊断肺结核的戒毒人员治疗，需要遵循早期、联合、适量、全程、规律的治疗原则。

10.5 治疗方案

初治方案、复治方案按国家防治肺结核指南的治疗方案进行治疗。耐多药肺结核请结核病专家会诊制定治疗方案。抗结核药副作用或其他并发症的患肺结核戒毒人员，制定个体化治疗方案，必要时请结核病专家会诊。当出现病情迅速加剧或药物明显副作用存在威胁生命安全的可能时，应立即送外诊明确，确保其生命安全。

10.6 外诊管理

如需要到社会医院门诊诊治或住院的肺结核戒毒人员，按外出就诊管理规定，将其送往医院治疗，送诊人员应按传染病防控要求做好自我防护，如佩戴合适的口罩等，陪同外诊人员应了解肺结核戒毒人员的病情，肺结核治疗以及戒毒情况，能为社会医院医师提供详细就诊信息。外诊后要对外诊的车辆进行消毒登记。外诊后出现不适的陪同外诊人员应及时报告所在部门，并去医院就诊做好记录。

10.7 病情评估

肺结核戒毒人员集中管理场所应当根据肺结核戒毒人员具体病情及身体状况，对治疗、劳动、休息、营养、康复提供书面意见，进行病情评估要有依据。

10.8 定期复诊

场所定期对肺结核戒毒人员按规范进行定期复诊，检查内容主要包括：体格检查，辅助检查（血常规、尿常规、肝功、肾功、心电图、痰液检查、B 超、胸片）。

10.9 服药管理

肺结核戒毒人员就医或出院带回大队的药品交专管大队值班民警统一管理，内服药和外用药严格分开，药品保存要有专门的药品柜并上锁，每次取药要记录药品数量变化。值班民警应按时组织戒毒人员按医嘱在监控视频下当面服用或使用药品，并要做好记录。

10.10 社会医疗指导

肺结核戒毒人员集中管理场所应积极与有条件收治肺结核感染患者的地方三甲医院协作开展戒毒人员绿色就医通道，定期邀请疾控中心结核防治专家或结核病医院专家来所指导就诊、会诊等诊疗活动。组建传染病医联体，医疗联盟，更好地为肺结核戒毒人员进行诊治。

10.11 职业暴露

对发生职业暴露感染或戒毒人员交叉感染的情况要及时报告并做好记录处理。

10.12 医疗废物、污水处理

对于被结核分枝杆菌污染的痰液等排泄物和污物、污水以及医疗废物，应当按照 GB 18466—2016 及 GB 39707—2020 的相关规定进行处理。

10.13 传染病报告制度

收治肺结核戒毒人员场所发现疫情的，应遵循《中华人民共和国传染病防治法》规定的内容、程序、方式和时限报告，不得漏报或瞒报。

11 出所前教育

开展肺结核戒毒人员出所教育，帮助他们明确回归社会后行为准则，掌握疾病治疗、康复等方面的知识，以更好提高生活质量，融入家庭和社会。

12　保障措施

12.1　保障制度

坚持普遍性防护原则，要以预防为主，定期邀请属地卫生、疾控部门到所指导，避免发生职业暴露。

12.2　保障措施

肺结核戒毒人员集中管理场所应按实际需要，为专管民警、医护人员等相关人员配备必要的防护装备，如口罩、护目镜、防护服等等。根据需要，大队民警及医务人员每半年进行一次体检。应给专管大队民警和医务人员购买传染病风险相关商业保险。当专管民警身体患有严重的疾病，免疫力下降时，应及时调离该岗位。

附 录 A

(资料性)

肺结核戒毒人员登记表

肺结核戒毒人员登记表

登记日期	登记号	姓名	性别	年龄	住址	治疗分类	治疗日期	治疗方案

附　录　B

（资料性）

肺结核戒毒人员病情告知书

肺结核戒毒人员病情告知书

经医疗机构检查，确诊你为肺结核患者。肺结核是一种结核分枝杆菌引起的慢性传染病，经及时治疗干预，大多可获得临床治愈。现为进一步治疗肺结核保障你的健康权益，将你转到海南省琼山强制隔离戒毒所继续进行强制隔离戒毒，特此告知。

戒毒人员签名：

海南省琼山强制隔离戒毒所

年　月　日

强制隔离戒毒人员心理矫治工作规范

（2022年10月8日海南省市场监督管理局发布
DB 46/T 575—2022　自2022年11月15日起实施）

1　范围

本文件规定了司法行政强制隔离戒毒场所戒毒人员心理矫治工作的工作目标、工作原则、工作管理、心理健康档案管理、心理健康教育、心理咨询、心理危机干预、四区心理矫治工作内容及要求、监督考核等内容。

本文件适用于海南省司法行政强制隔离戒毒场所心理矫治工作。

2　规范性引用文件

本文件没有规范性引用文件。

3　术语和定义

下列术语和定义适用于本文件。

3.1　强制隔离戒毒人员

公安机关依法对吸毒成瘾人员决定予以强制隔离戒毒的，被采取强制隔离戒毒措施的人员，以下简称戒毒人员。

3.2　强制隔离戒毒人员心理矫治

运用系统的心理学理论、技术方法，对戒毒人员的身心损伤、精神障碍、心理危机等问题进行心理干预，以提高戒毒人员的心理健康水平，帮助其树立戒毒信念。

3.3　心理矫治中心

全国统一的司法行政戒毒工作基本模式的五大专业中心之一，主要担负制定心理矫治计划，开展心理健康状况评估、心理健康教育、心理咨询与危机干预、考核评定等工作。

3.4　大队心理辅导站

心理矫治中心的下设机构，在心理矫治中心的指导下，主要开展本大队的心理矫治相关工作，按教学计划组织实施心理健康教育、团体心理辅导，开展个体咨询与干预等工作。

3.5　专职心理咨询师

心理矫治中心专门从事心理矫治工作并具有相应的心理咨询师资质的民警。

3.6　兼职心理咨询师

大队心理辅导站从事心理矫治工作并具有心理咨询师或相应资质的民警。

3.7　心理专干

大队心理辅导站兼职从事心理矫治工作，暂无心理咨询师资质，按计划接受心理咨询理论和技术培训并合格的民警。

3.8　生理脱毒区

对新收治急需脱毒治疗的戒毒人员实施病房式管理，采取医疗、心理、运动等措施开展急性生理脱毒治疗和健康状况检查的戒治区。

3.9 教育适应区

戒毒人员经生理脱毒区评估流转，考核合格后进入教育适应区，实施军营式管理，对戒毒人员开展行为养成训练、团队意识培养、病症评估治疗、健康知识宣教和身心状态调整的戒治区。

3.10 康复巩固区

戒毒人员经教育适应区评估流转，考核合格后进入康复巩固区，实施校园式管理，帮助戒毒人员重构心理健康、增强体质体能、掌握劳动技能、促进身心康复的戒治区。

3.11 回归指导区

戒毒人员经康复巩固区评估流转，考核合格后进入回归指导区，实施社区式管理，采取社会化矫治，帮助其重建社会支持系统，提高社会适应能力的戒治区。

4 工作目标

综合运用心理学的方法和矫治手段，帮助戒毒人员改变错误认知，调节不良情绪，预防和消除心理问题，提升心理健康水平，塑造积极人格；巩固戒毒信念，训练和强化拒毒、保持操守能力。

5 工作原则

5.1 尊重原则

尊重来访戒毒人员，耐心投入地倾听，给予积极回应。

5.2 积极关注原则

以发展的眼光，对来访戒毒人员予以积极关注，努力发掘其自身积极因素。

5.3 保密原则

对涉及来访戒毒人员个人隐私的问题应当予以保密（保密原则例外项除外）。

5.4 团队协作原则

大队主管民警与心理咨询师共为心理矫治主体，通力协作形成合力。

6 工作管理

6.1 组织机构

场所设立心理矫治三级网络机构，心理矫治中心负责场所心理矫治工作的组织实施；大队设立心理辅导站，协助心理矫治中心开展相关工作，负责本大队心理矫治工作的组织实施；大队设立戒毒人员心理互助组，在大队心理辅导站的指导下，协助开展相关工作。

6.2 职责任务

6.2.1 心理矫治中心的职责任务

主要包括以下内容：

——制定场所心理矫治工作规章制度和年度计划；

——组织开展戒毒人员的心理测试与评估，建立和管理心理矫治档案；

——组织开展心理健康教育；

——组织开展心理咨询与危机干预；

——组织开展团体心理辅导和拓展活动；

——参与诊断评估并提出意见；

——组织开展心理矫治案例督导与技术培训，开展课题研究；

——完成上级交办的其他心理矫治相关工作任务。

6.2.2 大队心理辅导站的职责任务

主要包括以下内容：

——在心理矫治中心指导下，制定与落实本大队心理矫治工作计划；

——在心理矫治中心指导下，开展本大队戒毒人员的心理矫治工作；

——在心理矫治中心指导下，开展本大队戒毒人员的心理测试评估，掌握戒毒人员的心理健康动态；

——管理本大队的心理互助组，定期组织召开心理互助小组会议，指导小组开展工作；

——做好本大队心理设备、器材的使用与维护管理。

6.2.3 心理互助组的职责任务

主要包括以下内容：

——在大队心理辅导站民警的指导下，协助开展心理健康教育知识宣传；

——对重点关注戒毒人员进行照顾和帮助，适时开展谈话，疏解其不良情绪，巩固积极成果；

——收集本大队戒毒人员戒治过程中的不良情绪状态或应激反应，及时向大队辅导站反馈；

——协助心理矫治中心和大队心理辅导站做好其他相关工作。

6.3 人员管理

6.3.1 心理矫治中心

心理矫治中心设主任 1 人，根据需要可增设副主任 1 人，按照不低于在所戒毒人员的 6‰的比例配置专职心理咨询师，且不少于 2 人。

6.3.2 大队心理辅导站

场所各大队应设立大队心理辅导站，由 1 名大队领导担任站长，配置 1—2 名兼职心理咨询师或心理专干。兼职心理咨询师应当具有心理咨询师职业资格证书或同等能力其他资质证书；心理专干按计划参加心理矫治理论与技术培训。

6.3.3 大队戒毒人员心理互助组

心理互助组成员条件：身心健康，具备初中以上文化程度，现实表现良好，自愿参加心理互助组，并经心理矫治中心审批和培训，能够协助大队开展相关工作。经大队考核，如不能发挥协助相关工作的作用，可撤换。

6.3.4 建立督导培训机制

对专（兼）职心理咨询师和心理专干开展案例督导或技术培训，每年不少于 2 次。加强专业机构社会合作，可通过建立教学基地、设立专家工作室、开展课题合作等方式，不断加强心理矫治专业化队伍建设，提升专业化水平。

6.4 设施设备

6.4.1 功能室设置

心理矫治中心按照相关规定，应建立心理咨询室、心理测量室、沙盘游戏室、情绪宣泄室、音乐减压室、团体心理活动室等心理矫治功能室，根据实际情况可再建立生物反馈治疗室、艺术治疗室等功能室（见附录 A）。

6.4.2 设备配置

各功能室应当配备用于开展心理矫治工作的设施设备：心理测评系统、情绪宣泄、沙盘游戏、音乐减压设备等。

7 心理健康档案管理

7.1 心理矫治档案

7.1.1 从戒毒人员入所心理评估起，建立并完善心理矫治档案，建档率应达 100%。

7.1.2 心理矫治档案由大队协同建立，心理矫治中心统一管理。

7.1.3 充分利用信息化平台，提倡建设电子心理矫治档案，设置管理权限和密码，未经心理矫治中心同意，任何人不得调阅提取心理矫治档案。

7.1.4 心理矫治档案主要包括以下内容：

——戒毒人员基本信息登记表（见附录 B）；

——戒毒人员心理健康测评记录；

——戒毒人员心理咨询记录；

——戒毒人员心理危机干预记录；

——戒毒人员知情同意书等文书凭证；

——其他心理矫治资料。

7.2 心理测试与评估

7.2.1 根据戒毒人员诊断评估和分区流转需要，对戒毒人员进行相应的心理测试评估，评估结果作为心理康复指标的重要参考依据。

7.2.2 应综合运用谈话、观察、问卷等方法，对戒毒人员的心理状态进行科学的分析评估。

7.2.3 心理健康测评率应达到100%。

7.2.4 戒毒人员拒绝或不配合心理评估时，应进行解释劝导。解释劝导无效的，暂缓测验并记录，另行择时补测。确因文化程度太低、理解能力有限、精神障碍等原因无法完成测验的，注明理由并记录。

7.2.5 对心理测试评估结果应分类处理，提出针对性日常管理和心理矫治措施，对指标显示异常的，及时向大队预警反馈，有必要进行心理危机干预的，及时进行干预。

8 心理健康教育

8.1 心理健康教育目标

向戒毒人员普及心理健康知识，帮助戒毒人员掌握自我心理调节的一般方法，了解寻求心理救助的途径；认识吸毒的心理原因和严重危害，激发戒毒人员改变的希望，唤起戒毒人员戒除毒瘾的强烈动机。

8.2 心理健康教育方式

8.2.1 充分运用司法部戒毒管理局统编教材《放飞心灵》和“个十百千”教育戒治资源库中的视频课程，开设心理健康教育课堂化教学。

8.2.2 利用所内小报、板报、宣传栏、广播等开展形式多样的心理健康宣传教育活动。

8.2.3 拓展心理健康教育渠道，采取邀请专家到所或在线直播、网络课程等形式开展专题讲座，每季度至少举办一期专题心理健康教育讲座。

9 心理咨询

9.1 心理咨询申请

心理咨询一般由戒毒人员自愿主动申请，填写《强制隔离戒毒人员心理咨询申请表》（见附录 C）。对个别戒毒人员未主动申请，但民警认为有必要心理咨询的，应取得戒毒人员同意，由民警向心理矫治中心提出咨询申请。戒毒人员心理咨询申请审批通过后，心理矫治中心原则上应在 3 个工作日内安排咨询。对有自伤自残等特殊情形或存在严重心理问题的，应在接申请后 24 小时内安排咨询。

9.2 心理咨询目标

心理咨询师与戒毒人员建立一对一的咨询关系，运用心理学的原理和方法，帮助戒毒人员调节不良情绪，改变错误认知，消除心理障碍，改善心理机能，更好地适应环境，巩固戒毒信念。

9.3 心理咨询方式

9.3.1 心理咨询以面对面咨询为主要方式，一般在心理矫治中心心理咨询室进行，也可视具体情况在办公室、宿舍等进行，但必须保证一对一方式不受干扰。

9.3.2 在面对面咨询方式的基础上，可根据实际情况创新工作方式，搭建远程心理工作平台，采取电话、网络等方式开展咨询。

9.4 注意事项

9.4.1 咨询过程中，采取必要措施，确保心理矫治工作人员人身安全。

9.4.2 心理咨询时，心理矫治工作人员可着便装，保证大方得体，体现职业素养。

9.4.3 当出现咨访关系不匹配、咨询长期无明显效果、戒毒人员疑似精神疾病等情况时，应停止咨询，提出转介建议，并通知相关机构。

9.5 案例总结

9.5.1 心理矫治工作人员应对每一次心理咨询进行记录，填写《强制隔离戒毒人员个体心理咨询表》（见附录 D），对有价值的案例进行总结和归纳整理，形成心理咨询个案。

9.5.2 对疑难个案，应组织进行集体会诊，特别疑难的，邀请心理专家参加会商。

10 心理危机干预

10.1 心理危机干预预警机制

依托场所心理矫治三级网络，建立心理危机干预阻控体系、心理危机干预支持体系及心理危机干预现场紧急救助制度，积极构建心理援助热线电话机制。

10.2 心理危机干预目标

针对处于心理危机状态的戒毒人员及时给予心理援助和干预，帮助其缓解心理矛盾和冲突，使之尽快摆脱困境，恢复心理状态平衡，并最大限度地减少心理创伤的可能性。

10.3 心理危机干预对象的认定

戒毒人员有下列情形之一的，可认定为处于心理危机状态，并明确为重点人员进行管控：

——在心理测评或心理咨询中发现心理状态严重异常的；

——有逃跑、行凶、自杀、自伤、自残等危险倾向或者行为的；

——面对重大挫折、婚姻家庭发生重大变故或者其他突发事件，导致心理状态严重失衡的；

——因入所或调动，导致环境适应不良，产生应激反应的；

——因突发事件或灾难，导致群体性心理问题倾向，可能影响场所安全的；

——个体长期处于抑郁、焦虑和自我封闭状态，不能自我调适的；

——有其他严重心理矛盾和冲突的。

10.4 心理危机干预实施过程

10.4.1 大队心理互助组成员发现戒毒人员心理行为严重异常，应立即报告大队。大队采取必要的应急处置管理措施，心理矫治中心根据情形及时了解情况，会同所政管理、大队分析原因，对其状态进行评估，适时实施危机干预。

10.4.2 心理矫治中心根据评估结果制定危机干预方案，明确干预方法、措施、人员分工，实施干预，根据实际情况调整完善方案。

10.4.3 在危机干预过程中，确保戒毒人员生命安全为第一位，提供安全、可信任的关系，主要运用倾听和共情技术，帮助其充分利用内外部资源，使用建设性思维，帮助其自主选择解决问题方案，化解危机状态。

10.4.4　心理矫治中心及时向戒毒人员所在大队反馈危机干预情况，并结合实际向大队提出管控建议。

10.5　注意事项

10.5.1　充分发挥心理互助组的作用，及时掌握心理危机戒毒人员的动态。

10.5.2　心理危机状态解除后，应当对戒毒人员持续跟踪，及时开展后续评估，根据情况适时进行再干预。

10.5.3　如危机事件对其他戒毒人员造成影响的，应对其他戒毒人员及时进行心理辅导，消除负面影响。

11　四区心理矫治工作内容及要求

11.1　生理脱毒区

11.1.1　工作内容

主要包括以下方面：

——戒断症状教育：采用个别谈话、团体互助或专题讲座形式，对戒毒人员开展生理脱毒戒断症状和应对措施方面的心理健康教育；

——心理测试评估筛查：戒毒人员到所 7—15 天内，选用《一般心理健康问卷》问卷调查和绘画心理测试等方式，开展戒毒人员的心理健康状况评估筛查；

——给予情感支持，营造人文关怀的氛围，重点做好心理疏导工作，提高戒毒人员自我控制的能力，根据戒毒人员需要，适时开展良好适应环境等主题的团体心理辅导。

11.1.2 工作要求

对戒毒人员的急性戒断症状从心理层面进行应急处理，防止危险行为，消除戒断误解，增强脱毒信心，对戒毒人员普遍开展一次非标准化的心理健康状况评估筛查。

11.2 教育适应区

11.2.1 工作内容

主要包括以下方面：

——心理测试评估：戒毒人员流转到教育适应区 20—30 天内，选用艾森克人格测验量表（EPQ）和症状自评量表（SCL－90）等量表，开展戒毒人员心理测试评估，对异常指标可选用明尼苏达多项人格测验（MMPI）等量表进行精神病性鉴别筛查，并以预警方式通知所在大队；

——重点围绕促进戒毒人员入所适应、明确戒治目标等主题，为戒毒人员提供一般性支持；

——开展“了解自我 修正自我意识”和“建立良好人际关系”两个主题的团体心理辅导。引导戒毒人员进行自我探索，提高其自我觉察能力。学会自我欣赏、自我肯定、自我鼓励，并学会发现、欣赏别人的优点，体会到团体的动力，促进成员间的相互肯定与接纳，建立良好的人际关系，更有信心面对生活中的挫折与挑战。

11.2.2 工作要求

支持疏导，缓解稽延症状；交流沟通，营造互信环境；意愿培养，树立戒治决心。入所心理测试率和建档率均达 100%。

11.3　康复巩固区

11.3.1　工作内容

主要包括以下方面：

——心理测试评估：对戒治期限满一年的戒毒人员，选用症状自评量表（SCL－90）及人际关系量表（人际信任 IT 量表）、焦虑自评量表（SAS）、抑郁自评量表（SDS）进行心理健康状况评估；

——以部局统编教材《放飞心灵》为主要内容，结合“个十百千”教育戒治资源库，开展心理健康教育。心理健康课堂教育不少于 30 课时；

——重点运用各种心理矫治理论和技术，借助心理矫治设施设备，开展个案化心理矫治；

——开展“戒毒抗复吸心理训练”和“建立良好家庭关系”主题团体心理辅导。帮助戒毒人员激发和提高自我管理能力，正确面对家族成员的信任危机，理清获得信任的行为标准，学习与家人相处的方法，共同抗击毒品，提高保持操守能力。

11.3.2　工作要求

对拒毒心理作系统重构，深入讲解心瘾成瘾机理及应对方法，重塑健康心理，促进人格成长，提高操守能力。

11.4　回归指导区

11.4.1　工作内容

主要包括以下方面：

——心理测试评估：对 1—2 个月内即将期满解除的戒毒人

员，选用社会适应能力分测验及症状自评量表（SCL－90）等进行心理健康状况评估；

——重点指导戒毒人员对在所期间的心理成长进行总结回顾，进行个性化辅导，为戒毒人员顺利回归社会做好准备；

——开展“树立自信心 澄清价值观”和“职业生涯规划训练”团体心理辅导。帮助戒毒人员澄清个人价值观，进行回归后的职业生涯规划训练，使戒毒人员能够有效规划未来生活和工作，发展适当的自我，更好地适应社会。

11.4.2 工作要求

总结前期心理矫治成绩，评估和训练戒毒人员回归适应能力。帮助戒毒人员了解个人兴趣、人格特质和工作价值观与社会需求，有效规划未来，发展适当的自我以适应社会；正确面对家庭成员信任危机，学习获得信任行为，改善家庭关系，保持操守。

12 监督考核

12.1 心理矫治中心落实年度场所心理矫治工作计划。

12.2 心理矫治中心接受省戒毒管理局的监督检查和年度考核。

附　录　A
（资料性）
心理矫治中心功能室设置

表 A. 1 为心理矫治中心功能室设置。

表 A. 1　心理矫治中心功能室设置

序号	名称	功能与配置	备注
1	心理档案室	用于存放心理矫治工作的相关资料台账。 除基本文件柜外，配备专用电脑，提倡建立电子心理健康档案。	
2	心理测量室	用于开展戒毒人员心理测评。 配置集成式心理测量终端系统，可组织团体测试和个体测试。	
3	心理咨询室	对戒毒人员开展一对一的个体咨询和危机干预。 配置咨询专用桌椅等器具。	
4	沙盘游戏室	用于开展戒毒人员沙盘放松训练。 配置团体、个体沙盘及沙具，可组织团体沙盘训练和个体沙盘训练。	
5	音乐减压室	对出现焦虑、睡眠障碍的戒毒人员，开展音乐放松训练和情绪疏导。 配置音乐减压放松椅等设备。	
6	情绪宣泄室	对出现焦虑、睡眠障碍的戒毒人员，开展音乐放松训练和情绪疏导。 配置音乐减压放松椅等设备。	
7	团体心理活动室	用于开展戒毒人员团体心理辅导活动。 配置团体心理活动相关器材。	
8	生物反馈治疗室 （VR 戒毒治疗室）	用生物模拟、VR 光电等技术设备，开展对戒毒人员的脱毒训练。 配置 VR 戒毒治疗或其他生物脱毒治疗等系统设备。	
9	艺术治疗室 （绘画手工坊）	对戒毒人员开展绘画、手工等艺术治疗。 配置绘画手工专用桌椅和器材。	

注：可根据实际情况，进行功能室（相关设备、器材）配置。

附　录　B

（规范性）

强制隔离戒毒人员基本信息登记表

表 B.1 为强制隔离戒毒人员基本信息登记表。

表 B.1　强制隔离戒毒人员基本信息登记表

编号：

<table>
<tr><td>姓名</td><td></td><td>性别</td><td></td><td>出生年月</td><td></td><td>民族</td><td></td><td rowspan="4">照片</td></tr>
<tr><td>曾用名</td><td></td><td>原职业</td><td></td><td>文化程度</td><td></td><td>婚否</td><td></td></tr>
<tr><td>籍贯</td><td></td><td>户籍
所在地</td><td colspan="2"></td><td>身份证
号码</td><td colspan="2"></td></tr>
<tr><td>住址</td><td colspan="3"></td><td>原单位或
就读学校</td><td colspan="3"></td></tr>
<tr><td>决定机关</td><td colspan="3"></td><td>送戒单位</td><td colspan="2"></td><td>入所时间</td><td></td></tr>
<tr><td>强制隔离
戒毒期限</td><td colspan="3">自　　年　月　日起
至　　年　月　日止</td><td>健康状况</td><td colspan="4"></td></tr>
<tr><td>本人
简历</td><td colspan="8"></td></tr>
<tr><td rowspan="5">家庭
主要
成员</td><td colspan="2">关系</td><td colspan="2">姓名</td><td colspan="2">现住址</td><td colspan="2">联系电话</td></tr>
<tr><td colspan="2"></td><td colspan="2"></td><td colspan="2"></td><td colspan="2"></td></tr>
<tr><td colspan="2"></td><td colspan="2"></td><td colspan="2"></td><td colspan="2"></td></tr>
<tr><td colspan="2"></td><td colspan="2"></td><td colspan="2"></td><td colspan="2"></td></tr>
<tr><td colspan="2"></td><td colspan="2"></td><td colspan="2"></td><td colspan="2"></td></tr>
<tr><td rowspan="3">主要
社会
关系</td><td colspan="2"></td><td colspan="2"></td><td colspan="2"></td><td colspan="2"></td></tr>
<tr><td colspan="2"></td><td colspan="2"></td><td colspan="2"></td><td colspan="2"></td></tr>
<tr><td colspan="2"></td><td colspan="2"></td><td colspan="2"></td><td colspan="2"></td></tr>
</table>

续表

吸毒经历	使用毒品种类	
	使用毒品方式	
	初次吸毒时间	
	初次吸毒原因	
	复吸主要原因	
戒毒经历		
对毒品的看法		
备注说明		

附 录 C
(规范性)
强制隔离戒毒人员心理咨询申请表

表 C.1 为强制隔离戒毒人员心理咨询申请表。

表 C.1 强制隔离戒毒人员心理咨询申请表

戒毒人员姓名		所属大队		申请时间	
文化程度		健康状况		审核人	
申请理由					
大队意见					
备注					

附　录　D
（规范性）
强制隔离戒毒人员个体心理咨询表

表 D. 1 为强制隔离戒毒人员个体心理咨询表。

表 D. 1　强制隔离戒毒人员个体心理咨询表

戒毒人员姓名		编号		所属大队	
咨询次数		咨询方式		咨询方法	
咨询师		咨询时间		有无心理测试	
领导评定				咨询地点	
求助主题					
咨询经过					
咨询评估					
总结建议					
备注					

司法行政强制隔离戒毒所衔接帮扶工作规范

（2023 年 11 月 3 日海南省市场监督管理局发布
DB 46/T 617—2023　自 2023 年 12 月 10 日起实施）

1　范围

本文件规定了衔接帮扶工作的工作原则、工作目标、工作对象、工作机构、工作人员及职责、台账内容和考核。

本文件适用于司法行政强制隔离戒毒所的衔接帮扶工作。

2　规范性引用文件

本文件没有规范性引用文件。

3　术语和定义

下列术语和定义适用于本文件。

3.1　衔接帮扶

以强制隔离戒毒所与地方公安、禁毒等相关部门的有效衔接为基础，以指导、协助社区对其实施精准管控与帮扶救助为重点，以社区戒毒（康复）工作指导中心（站）为平台，指导和协助社区戒毒（康复）部门开展戒毒康复人员的日常管控、帮扶救助、业务培训、禁毒宣传等工作，定期进行解戒人员的跟踪回访调查，协助其重建家庭和社会支持系统，实现教育戒治工作的社会化延伸。

3.2　出所衔接

指强制隔离戒毒人员在解除强制隔离戒毒时，强制隔离戒毒所依法向公安、社区等有关部门和组织移交戒毒人员及相关资料的工作。

3.3　社区戒毒（康复）工作指导中心（站）

指经海南省监狱管理局（海南省戒毒管理局）批准，省司法行政戒毒所在各市县（区）成立的专门支持、指导当地社区戒毒（康复）工作的机构。

3.4　回访调查

指以科学戒治、精准帮扶为目的，按照“统筹安排、部门联动、科学规范、务求实效”的工作原则，由司法行政戒毒系统组织专门警力成立调查小组，在当地政法委、禁毒办的支持和协助下，采取问卷调查、电话回访和见面回访等形式，对全省司法行政戒毒所解戒人员的戒断情况、复吸原因、家庭婚姻、就业情况及融入社会等情况定期进行摸底排查、调查研究，形成科学的调查报告，分析研究司法行政戒毒场所工作成效，优化戒毒措施和方法，不断提高戒毒人员戒断率。

3.5　社戒社康人员

指社区戒毒人员和社区康复人员。其中社区戒毒人员是指县级以上公安机关责令接受三年社区戒毒的人员；社区康复人员是指原决定强制隔离戒毒的公安机关对于解除强制隔离戒毒人员责令其接受不超过三年的戒毒康复措施的人员。

4 工作原则

4.1 依法指导、支持协助原则

衔接帮扶工作应当遵守《禁毒法》、《戒毒条例》等相关法律法规，充分发挥司法行政强制隔离戒毒所心理矫治、教育矫正等专业优势，厘清各自职责任务，严格按照相关法律法规指导和支持地方戒毒康复工作。

4.2 协同联动、无缝衔接原则

衔接帮扶工作应当充分调动社会资源和社会力量，强化各方的戒毒工作职能，整合强制隔离戒毒、社区戒毒、社区康复三项戒毒措施，打通戒毒工作“最后一公里”，促进戒治、康复、指导、帮扶等工作整体融合，构建社会参与的“大禁毒、大戒毒、大矫治”工作体系，提升全民禁毒拒毒意识。

5 工作目标

按照“环节最少、程序最简、时间最短、效率最高、指导高效”的工作思路，充分发挥社区戒毒（康复）指导中心（站）的职能作用，突出康复指导和社会化延伸，健全解戒人员全环节管控机制，构建安全、快捷、高效的戒毒人员出所衔接、后续帮扶工作机制，实现强制隔离戒毒与社区戒毒、社区康复的无缝衔接，切实帮助解戒人员戒除毒瘾、融入社会。

6 工作对象

6.1 从本省司法行政强制隔离戒毒所出所、被依法责令社区戒毒（康复）的人员。

6.2 衔接帮扶对象有下列情形之一的，经指导中心（站）批准可终止衔接帮扶：

——无正当理由，未按期报到的；

——连续3个月联系不上或拒绝回访的；

——社区戒毒或社区康复期限内又吸食毒品的；

——违法犯罪被判处刑罚的；

——有其他违反社区戒毒（康复）协议的行为的。

7 工作机构

7.1 机构设置

7.1.1 省监狱管理局（省戒毒管理局）成立衔接帮扶工作领导小组，对接省一级相关社会资源，负责指导强制隔离戒毒场所开展解戒人员后续衔接帮扶工作。

7.1.2 省司法行政强制隔离戒毒所成立衔接帮扶工作组，组长由场所分管教育戒治工作的领导担任，成员由教育矫正中心、心理矫治中心、康复训练中心、戒毒医疗中心、诊断评估中心主任和驻各市县（区）社区戒毒（康复）工作指导中心负责人担任，负责指导、协助衔接帮扶工作的开展。

7.1.3 司法行政强制隔离戒毒所在各市县或乡镇（街道办）设置指导中心（站），指导中心名称为海南省×××强制隔离戒毒所驻×××市县（区）社区戒毒（康复）工作指导中心，指导站名称为海南省×××强制戒毒所驻×××市×××乡镇（街道）社区戒毒（康复）工作指导站。

7.2 场所设置

7.2.1 衔接帮扶工作办公室

司法行政强制隔离戒毒所应当设立衔接帮扶工作办公室，办公室应当悬挂衔接帮扶工作机构牌匾，以及衔接帮扶工作制度、工作流程等规范，配备办公座椅、电脑、档案柜等基本办公设施，保障工作人员的正常办公需求。

7.2.2 社区戒毒（康复）工作指导中心（站）

为方便指导工作，社区戒毒（康复）工作指导中心（站）设在当地市县（区）委政法委、禁毒办或者乡镇（街道）社区戒毒（康复）工作机构内，市县（区）委政法委、禁毒办或者乡镇政府（街道办）为社区戒毒（康复）工作指导中心（站）提供办公场地，共享心理咨询室、电教室（会议室）等设施设备。

7.3 设施设备

7.3.1 应配备满足工作需要的桌椅、电脑、电话等办公设备。有条件的地区，宜配备电动车、照相机、摄像机等业务装备。

7.3.2 对配发的设备统一标识、分类编号，定期进行实物核查。落实专人负责保管维护制度，定期保养，及时维修。

8 工作机构职责及工作内容

8.1 衔接帮扶工作组

8.1.1 对出所衔接、社区戒毒（康复）指导、跟踪回访等工作进行规划，制定工作计划并组织实施。

8.1.2 确保社区戒毒（康复）工作指导中心（站）的正常运行，宣传普及禁毒、戒毒知识，对解戒人员开展社会适应、心理危机干预等工作。

8.1.3　负责对解戒人员进行跟踪回访调查，建立回访调查人员档案和信息数据库。

8.1.4　负责对禁毒专职工作人员、社区志愿者、解戒人员及其家属开展戒毒知识培训。

8.1.5　指导、协助当地禁毒办等工作机构开展禁毒宣传活动。

8.1.6　负责与各部门的协调与沟通，建立健全衔接帮扶工作体系。

8.1.7　积极引进社会力量和社会资源，与当地政府、社工机构等部门和机构建立良好的合作关系。

8.1.8　负责衔接帮扶工作的队伍建设以及人员的监督考核工作。

8.1.9　承担相关禁毒知识授课的教学任务。

8.2　社区戒毒（康复）工作指导中心（站）

8.2.1　配合当地公安机关和社区戒毒（康复）工作办公室严格落实解戒人员的出所衔接工作，指导当地社区戒毒（康复）工作办公室做好出所人员的交接以及与社戒社康人员签订协议等相关工作。

8.2.2　指导和配合当地社区戒毒（康复）工作办公室加强社戒社康人员的日常服务管理工作，积极参与脱毒康复攻坚和平安关爱行动，协助制定“一人一策”关爱帮扶计划，协调有关部门落实对社戒社康人员及其家庭成员的医疗救治、特困救助、子女就学等保障政策，并将工作情况录入省社区戒毒（康复）工作精准智能服务管控平台。

8.2.3　积极配合相关职能部门落实社戒社康人员职业技能培训、

就业指导等就业帮扶和救助服务措施。

8.2.4 协助组织开展社戒社康人员思想转化、法治教育和心理咨询工作，将相关工作录入省社区戒毒（康复）工作精准智能服务管控平台。

8.2.5 协助社区戒毒（康复）工作办公室加强对禁毒专职工作人员（禁毒社工）的业务培训和日常管理。

8.2.6 参与省戒毒管理局组织的解戒人员回访调查工作和其他工作。

8.2.7 每月召开社区戒毒（康复）工作形势分析会议，分析驻点工作开展情况，安排部署下一步工作。

8.2.8 积极协助当地做好禁毒宣传工作。

8.2.9 完成上级领导交办的有关禁毒工作其他事项。

8.3 出所衔接

8.3.1 材料移交

在戒毒人员出所前1个月，履行法定信息告知义务，提前向解戒人员户籍所在地或现居住地公安派出所移交《强制隔离戒毒人员戒治情况及综合诊断评估表》（见附录B表B.1），《责令社区康复建议书》（见附录B表B.2）。

8.3.2 提前通知

在解戒人员解除前3天，将戒毒人员到期解除事宜通知原强制隔离戒毒决定机关，并通知其家属、所在单位、其户籍所在地或现居住地公安派出所将其接回。

8.3.3 法律文书交接

向解除出所戒毒人员户籍所在地或现居住地公安派出所移交

强制隔离戒毒相关法律文书。按期解除的，移交解除强制隔离戒毒证明书；提前解除的，移交提前解除强制隔离戒毒决定书；延期解除的，移交延长强制隔离戒毒决定书；变更社区戒毒措施的，移交原强制隔离戒毒决定机关决定书；建议社区康复的，移交《责令社区康复建议书》。

8.3.4　留存交接资料

印制《戒毒人员出所衔接登记簿》（见附录B.2）并做好记录；留存户籍所在地或现居住地公安派出所民警相关证件复印件；留存戒毒所民警、户籍所在地或现居住地公安派出所民警、出所戒毒人员合照。

8.3.5　指导除强制隔离戒毒人员积极参与、配合社区戒毒（康复）工作

要求解戒人员接受社区戒毒（康复）决定，在出所15日内到户籍所在地或现居住地乡镇（街道办）社区戒毒（康复）工作机构报到并履行社区康复协议。告知异地管控和监督管理的有关规定，宣传国家促进社戒社康人员就业扶持和救助服务工作的相关政策。

8.4　指导社区戒毒（康复）工作

8.4.1　建立社区戒毒（康复）指导中心（站）

在省委政法委、省禁毒办、省司法厅领导下，在市县（区）委政法委的具体组织下，司法行政戒毒所在各市县（区）建立社区戒毒（康复）工作指导中心，在部分乡镇（街道）建立社区戒毒（康复）工作指导站，选派驻点民警对驻地社区戒毒（康复）工作进行支持和指导。

8.4.2 社区戒毒（康复）指导中心（站）工作模式

8.4.2.1 三个面向：即面向社会、面向社区、面向家庭的服务思想。

8.4.2.2 三方联动：即对接市县（区）禁毒工作联动机制、市县（区）社区戒毒（康复）工作联动机制、乡镇政法工作联动机制。

8.4.2.3 四个突出：即突出示范创建引领，突出典型案例培植，突出风险评估防控，突出精准管控帮扶。

8.4.2.4 六项职能：即动态管控、戒毒治疗、心理矫治、帮扶救助、就业指导、宣传教育。

8.4.3 加强禁毒宣教

依托司法行政戒毒系统的“蒲公英”禁毒宣讲团，在指导中心（站）驻地学校、社区（村居）、机关等单位开展禁毒宣传主题教育活动，针对易涉毒重点人群，实施精准禁毒宣传教育，营造浓厚的全民禁毒的社会氛围。

8.4.4 协助开展培训

组织戒毒场所专业民警力量，针对社区戒毒社区康复专职人员、社工、志愿者开展业务技能培训。针对社区戒毒（康复）人员开展拒毒技能、心理调节、社会适应、职业技能等培训，帮助其恢复身心健康。依托“社戒社康人员家属学校”，针对社区戒毒（康复）人员的家属，开展家庭帮教技能、改善家庭关系、提高家庭支持等培训，帮助戒毒康复人员构建良好的社会支持系统。

8.4.5 引进社会资源

发挥中介者作用，为指导中心（站）驻地政府介绍和引进优质禁毒专业社会力量、社会公益组织、帮扶企业等，与乡镇（街道）、社区、公安、教育、民政、人社、卫健委等部门，加强协调沟通，为社区戒毒（康复）人员牵线搭桥，积极争取就医、就学、就业、困难救济、低保、廉租房等方面的政策支持，指导协助其利用社会资源能力，加强社区戒毒（康复）人员的后续帮扶救助工作水平。

8.4.6 帮扶救助

帮扶救助内容包括：

——个人或家庭生活困难的，给予一定的资金、物资等临时性帮扶救助。

——丧失劳动能力、符合最低生活保障条件的，协助其申请最低生活保障。

——在就业、教育、医疗、住房等方面存在困难的，协调相关部门给予帮扶。

——提供生理、心理戒毒康复咨询。

——有心理康复需求的，提供心理治疗，实施危机干预。

——提供戒毒康复、社会保障、就业指导等相关法律咨询。

8.4.7 协助管控

协助推进社戒社康专职工作人员和禁毒社工队伍建设，完善社戒社康工作台账，做好社戒社康人员管理和服务，指导基层禁毒工作部门做好“无毒乡镇（街道）”“无毒村（居）委会”创建工作。加强禁毒研究，提出符合当地实际工作需要的社戒社康人员管控帮扶建议。

8.5 回访调查

8.5.1 调查对象

对全省司法行政强制隔离戒毒所解戒人员，自解除强制隔离戒毒出所之日起连续3年进行跟踪回访调查。

8.5.2 调查形式

可采取独立调查和委托调查形式。独立调查由省监狱管理局（省戒毒管理局）和各司法行政强制隔离戒毒所回访调查小组自行完成；委托调查由省戒毒管理局或各司法行政强制隔离戒毒所委托当地主管部门、职能部门或基层组织、社会组织、科研机构完成，并出具调查报告。

8.5.3 调查方法

回访调查方式主要为面谈调查，除与调查对象面谈外，还要与其亲属、基层监管单位和公安派出所面谈了解情况。对无法面谈调查的可以采取电话、信函等方式进行调查。

8.5.4 调查内容

调查对象个人基本信息、保持戒毒操守情况、家庭情况、生活情况、就业情况等。

8.5.5 建立档案

为每名受访对象建立回访调查档案，调查档案包括以下信息：回访调查解除强制隔离戒毒人员情况认定表、认定解除强制隔离戒毒人员现状证明材料、其他补充说明材料。回访档案由调查人员填写，当地公安派出所民警和禁毒专职工作人员签名确认，并由当地禁毒办和公安部门派出所盖章，方可具有证明效力。

8.5.6　撰写调查报告

要依据所掌握的数据和事实材料，对回访调查对象的戒断或复吸主要原因、家庭婚姻状况、就业工作及融入社会等情况进行分析，形成调查报告，并按照调查人数一定比例完成典型个案材料。

8.5.7　建立信息数据库

回访调查结束后，应当建立出所戒毒人员信息数据库，记录出所戒毒人员连续 3 年的跟踪回访调查结果，动态掌握解戒人员的康复情况。数据库信息包括：回访调查人员基本信息、调查时间、调查结果、戒断认定、参加社区康复情况、收治（收押）场所等。

9　台账内容

衔接帮扶工作台账内容包括：

——《戒毒人员出所衔接登记本》；

——《出所戒毒人员档案》；

——《社区戒毒（康复）工作指导中心（站）工作日志》；

——《社区戒毒（康复）工作指导中心（站）工作周小结》；

——《回访调查解戒人员工作方案》；

——《回访调查解戒人员花名册》；

——《回访调查强制隔离戒毒人员个人档案》（见附录 C）；

——《回访解戒人员调查报告》等。

10 考评

10.1 考评方式

考评按下列方式组织：

——省监狱管理局（省戒毒管理局）衔接帮扶工作领导小组组织实施对各司法强制隔离戒毒所衔接帮扶工作的考评；

——各司法强制隔离戒毒所衔接帮扶工作组组织实施对各社区戒毒（康复）工作指导中心（站）的考评。

10.2 考评内容

操守保持率、机构建设、队伍建设、数据统计、基础台账、跟踪回访、帮扶救助、典型个案等。

10.3 考评方法

采用听取汇报、查阅台账档案、调查民警和社区戒毒（康复）人员、听取社区工作人员意见反馈等方法进行。

10.4 结果运用

考评结果作为对各司法行政强制隔离戒毒所和相关工作人员年度考核的主要依据。

附　录　A
（资料性）
社区戒毒社区康复相关工作制度

A.1　社区戒毒（康复）工作制度

A.1.1　例会制度

社区戒毒（康复）工作小组每月至少召开一次专题会议，传达上级社区戒毒（康复）工作的指示精神，研究、制定本辖区戒毒（康复）工作的规范和实施方案，协调相关部门开展工作，研究解决工作中遇到的重大问题。

A.1.2　请示报告制度

对工作中出现的重大问题及辖区内发生的紧急重要事件应及时逐级上报，不得隐瞒不报，紧急情况要边处置边报告。

A.1.3　建档案制度

社区戒毒（康复）工作小组对社区戒毒（康复）人员要逐人建档，建立社区戒毒（康复）工作情况统计报表制度。所有的人员信息和统计报表要保证真实、准确，不得拒报、错报、漏报、虚报和瞒报。

A.1.4　信息报送制度

社区戒毒（康复）工作小组要加强信息报送工作，坚持客观性和实效性的原则，收集、整理本社区戒毒（康复）工作的先进经验、做法以及典型案例等各种社区戒毒工作信息，每年按照调查人数2%的比例完成典型个案材料。

A. 1. 5 监督检查制度

社区康复社区戒毒工作小组自觉接受上级社区戒毒（康复）组织和禁毒部门的监督、考核，并在工作上予以配合。

A. 1. 6 联席会议制度

社区戒毒（康复）工作相关的职能部门每季度召开一次会议，研究工作，制定计划，落实措施。

A. 1. 7 定期评估制度

A. 1. 7. 1 乡镇（街道）社区戒毒（康复）工作领导小组（禁毒办公室）的工作人员要定期对接受社区戒毒（康复）的对象进行戒毒（康复）效果的考核评估，评估的期限是第一年为每季度 1 次，第二年为每半年 1 次，三年戒毒期限到期前进行评估。

A. 1. 7. 2 戒毒（康复）效果评估应当坚持依法、科学、客观、公正、及时的原则。

A. 1. 7. 3 戒毒（康复）效果评估应当根据社区戒毒（康复）人员尿检、家访、谈心情况及其现实表现。季度评估由专管员作出评估意见；年度评估由戒毒（康复）人员本人自述，专管员作出意见，并经工作小组审核后作出年度评估意见；总评估先由乡镇（街道）社区戒毒（康复）工作领导小组（禁毒办公室）具体负责该对象帮教工作的专管员填写意见，交由乡镇（街道）社区戒毒（康复）工作领导小组（禁毒办公室）禁毒专职人员审核，最后由乡镇（街道）社区戒毒（康复）工作领导小组（禁毒办公室）负责人签署季度、年度、总评意见。

A. 1. 7. 4 戒毒（康复）效果评估表制作完成后要及时归入该社戒社康人员的帮教档案备查，作为以后判断该人员是否戒除毒瘾，能否解除社区戒毒（康复）的重要依据。

A. 1. 8　考核奖励制度

建立健全考核奖惩制度，以充分激励社区戒毒（康复）工作人员和社戒社康人员的积极性，每半年召开一次评议会进行综合评议和书面鉴定，对工作成绩突出的社区戒毒（康复）工作人员和戒治表现突出的社戒社康人员给予一定的精神和物质奖励。反之，对严重违反纪律的工作人员按照有关规定给予处分，对严重违反规定的社戒社康人员依法惩处。

A. 2　社区戒毒（康复）工作小组职责

A. 2. 1　认真学习法律和禁毒知识，积极锻炼培养自己帮教谈心水平和能力；利用自身专业特长，在辖区广泛开展宣传教育活动。

A. 2. 2　准确掌握社戒社康人员的基本情况、现实表现，制定个性化、分阶段的帮教和戒治计划，并督促社戒社康人员履行《社区戒毒（康复）协议》。

A. 2. 3　对社戒社康人员开展谈心、家访活动，及时了解其思想、生活、交友情况及其去向，并做好工作记录，建立工作档案。

A. 2. 4　接受公安机关委托，定期或不定期对社戒社康人员进行尿样检测。

A. 2. 5　经常性地以不同的形式，对社戒社康人员进行法制、禁毒宣传教育，并开展心理辅导，帮助社戒社康人员戒除对毒品的心理依赖，提高识毒、拒毒、抗毒能力。

A. 2. 6　及时发现社戒社康人员违反《社区戒毒（康复）协议》的行为，并对其进行批评、教育；发现社戒社康人员有严重违反《社区戒毒（康复）协议》或者在社区戒毒期间又有吸毒行为，要及时向镇社区戒毒（康复）工作领导小组或公安部门报告。

A. 2. 7　完成乡镇、街道办事处社区戒毒（康复）工作机构交办的其他任务。

A. 3　社戒社康人员守则

A. 3. 1　遵守法律、法规和社会公德。

A. 3. 2　遵守社区戒毒（康复）有关规定。

A. 3. 3　自觉履行社区戒毒（康复）协议。

A. 3. 4　每个月向乡镇（街道）社区戒毒社区康复工作领导小组（禁毒办公室）报告戒毒（康复）情况。

A. 3. 5　自觉接受尿检。其中社区戒毒人员的尿样检测，三年内不得少于 28 次；社区康复人员的尿样检测，三年内不少于 12 次。

A. 3. 6　社区戒毒（康复）期间不得吸食、注射毒品。

A. 3. 7　暂时离开社区戒毒（康复）地点三天以上的，应提前一天向社区戒毒（康复）工作人员（禁毒专管员）请假，返回后及时销假接受尿检；变更社区戒毒社区康复地点的，应提前 15 日向社区戒毒社区康复工作人员（禁毒专管员）提出书面申请，在审批同意前，不得擅自离开。

A. 3. 8　在外出期间要按规定寄回当地公安机关的尿检证明。

A. 4　社区戒毒（康复）工作尿样检测制度

A. 4. 1　公安机关可委托乡镇（街道）社区戒毒（康复）工作领导小组（禁毒办公室）对社戒社康人员进行尿样检测，社戒社康人员要自觉、主动、依法接受社区戒毒（康复）工作帮教小组的尿样检测管理和监督。

A. 4. 2　社戒社康人员要按照尿样检测次数的规定，按时完成尿样检测次数。

A. 4. 3　社戒社康人员接受尿样检测次数的规定：社区戒毒人员 3 年内不少于 28 次。第一年的前半年可每半个月检测 1 次，后半年可以每月检测 1 次，第二年可以每两个月检测 1 次，第三年可以每 3 个月检测 1 次；社区康复人员 3 年内不少于 12 次，第一年每两个月检测 1 次，第二年每个季度检测 1 次，第三年每半年检测 1 次。

A. 4. 4　社区戒毒（康复）工作领导小组（禁毒办公室）对社戒社康人员的戒毒（康复）情况有质疑的，可要求社戒社康人员在规定的时间内进行尿样检测，社戒社康人员要积极配合。

A. 4. 5　社戒社康人员因特殊原因，无法按时进行尿样检测的，应向社区戒毒（康复）工作帮教小组（禁毒办公室）提供书面说明。

A. 4. 6　社戒社康人员拒不接受尿样检测的，乡镇（街道）社区戒毒（康复）工作领导小组（禁毒办公室）应下达告诫书，公安派出所可强制检测，严重违反社区戒毒（康复）工作规定的，可报请公安机关强制隔离戒毒。

A. 5　社区戒毒（康复）工作帮教谈话制度

A. 5. 1　建立以禁毒专管员和乡镇派出所、社区民警为主的帮教小组。帮教小组成员由乡镇、街道挂点领导、乡镇社区民警、乡镇社区干部、社会工作者、妇女代表、家属等组成。社区戒毒（康复）工作帮教小组成员要对帮教对象做到“五知”：知姓名、知相貌特征、知家庭地址、知吸毒史、知现实表现。

A. 5. 2　社区戒毒（康复）工作帮教小组成员找帮教对象谈话每

月至少要1次。

A.5.3 社区戒毒（康复）工作帮教小组成员找帮教对象谈话要人性化进行，耐心帮教，要动之以情，晓之以理。

A.5.4 社区戒毒（康复）工作帮教小组成员的帮教谈话方式要灵活多样，要及时了解帮教对象的思想、家庭生活、社会活动等情况。

A.5.5 乡镇（街道）社区戒毒（康复）工作领导小组（禁毒办公室）要根据工作需要召开帮教工作研讨会，针对帮教对象出现的问题进行研究，制定出相应的工作措施。

A.5.6 社区戒毒（康复）帮教小组成员发现帮教对象存在问题时，要将情况及时报告乡镇（街道）社区戒毒社区康复工作领导小组（禁毒办公室）处理解决，如有困难及时救助。

A.6 社戒社康人员外出请销假制度

——社戒社康人员在社区戒毒（康复）期间如需暂时离开社区戒毒（康复）地点所在县（市、区）3天以上1个月以内的，须提前向乡镇（街道）社区戒毒（康复）工作领导小组（禁毒办公室）专管员报告，填写《社区戒毒/社区康复人员外出请假审批表》，经乡镇（街道）社区戒毒（康复）工作领导小组（禁毒办公室）专管员批准。

——请假时间在1个月以上3个月以内的，乡镇（街道）社区戒毒（康复）工作领导小组（禁毒办公室）批准，方能外出，且必须按时返回销假并进行尿检，逾期未归者按违反社区戒毒（康复）协议处理。

——请假时间超过 3 个月，按照社区戒毒（康复）地点变更的方式办理。

A. 7 社戒社康人员定期报告制度

A. 7. 1 社戒社康人员应如实向公安机关提供个人身份和相关戒毒信息，不得编造提供虚假信息。

A. 7. 2 社戒社康人员，必须按照社区戒毒协议规定的时间进行尿检，并向社区戒毒（康复）监护小组提交尿检检测报告单。

A. 7. 3 社戒社康人员定期向乡镇（街道）社区戒毒（康复）工作领导小组（禁毒办公室）报告戒毒（康复）情况。其报告内容应包括生理脱毒反应、心理状态、生活、就业工作情况、家庭关系、人际关系等。

A. 7. 4 因故变更社区戒毒（康复）地点或居住地，须提前 15 日书面报告乡镇（街道）社区戒毒（康复）工作领导小组（禁毒办公室），并将变更后的地址（街道、社区、小区、楼栋、单元号，乡村门牌号）如实说明，以便顺利移交手续。未提书面报告的戒毒（康复）人员将口头告诫，告诫后仍不提供真实情况，且态度恶劣，乡镇（街道）社区戒毒（康复）工作领导小组（禁毒办公室）将依法报送强制隔离戒毒。

A. 7. 5 社戒社康人员因故需暂时离开社区戒毒（康复）点或戒毒（康复）居住地，应及时向乡镇（街道）社区戒毒（康复）工作领导小组（禁毒办公室）提交书面报告书。详细讲明去向、联系方式，经镇（街道）禁毒专管员审查批准后方可离开，到达目的地 3 日内必须主动与乡镇（街道）禁毒专管员联系，并将离开时间内的一切活动如实报告，返回后 2 日内向乡镇（街道）禁毒专管员报到。

A.7.6 参加社区康复治疗（社区药物维持治疗）的人员每月必须向乡镇（街道）社区戒毒（康复）工作领导小组（禁毒办公室）如实报告服药情况，并接受相应的戒毒检测。

A.7.7 乡镇（街道）社区戒毒（康复）工作领导小组（禁毒办公室）定期对社戒社康人员的戒毒、康复进行评估，并将评估情况告知本人。

A.7.8 对不遵守且不服从管理者，乡镇（街道）社区戒毒（康复）工作领导小组（禁毒办公室）将给予1—3次告诫，严重违反规定又拒不改正者，经派出所告诫2次以上的，乡镇（街道）社区戒毒（康复）工作领导小组（禁毒办公室）将报送强制隔离戒毒。

A.8 社区戒毒（康复）告诫制度

A.8.1 社区戒毒（康复）告诫主要针对社戒社康人员在社区戒毒（康复）期间，不遵守或不履行事先签订的协议书的约定而采取的事先告知，训诫措施，达到惩前毖后的目的。

A.8.2 社区戒毒（康复）告诫要坚持以事实为依据，以社区戒毒（康复）协议书的约定内容为准绳的原则。

A.8.3 社区戒毒（康复）告诫要制作社区戒毒（康复）告诫书，一式两份，一份送达本人，一份存档，作为今后该戒毒（康复）人员戒毒效果评估的重要依据。

A.8.4 社区戒毒（康复）告诫由负责该戒毒（康复）人员帮教工作的专管员提出意见，乡镇（街道）社区戒毒（康复）工作领导小组（禁毒办公室）负责人做出决定。

附　录　B
（规范性）
出所衔接相关资料

B.1　出所衔接相关资料

表 B.1　强制隔离戒毒人员戒治情况及综合诊断评估表

<table>
<tr><td>戒毒人员姓名</td><td></td><td>性别</td><td></td><td>民族</td><td></td><td>出生年月</td><td></td></tr>
<tr><td>身份证号码</td><td colspan="3"></td><td>户籍地</td><td colspan="3"></td></tr>
<tr><td>初次吸毒时间</td><td colspan="2"></td><td>吸食毒品种类</td><td colspan="2"></td><td>戒毒次数</td><td></td></tr>
<tr><td colspan="8">强制隔离戒毒期限自　　年　　月　　日至　　年　　月　　日</td></tr>
<tr><td colspan="8">常规教育内容：
1. 传统文化：《弟子规》。
2. 法律道德：《法律常识》《禁毒法》《戒毒条例》《公民道德建设实施纲要》《关于培育和践行社会主义核心价值观的意见》。
3. 戒毒知识：《戒毒常识教育》《戒毒康复教育》。
4. 心理健康教育，团体辅导及个别咨询。
5. 职业技能教育。</td></tr>
<tr><td colspan="8">生理脱毒评估结果：

评估负责人签名：</td></tr>
</table>

续表

心理康复评估结果：   评估负责人签名：
身体康复评估结果：   评估负责人签名：
行为表现评估结果：   评估负责人签名：
社会环境与适应能力评估结果：   评估负责人签名：
综合以上评估结果，建议：   单位签章：

表 B. 2　责令社区康复建议书

海南省×××强制隔离戒毒所　　　　　　　　　　　　　　　　年第　号

<table>
<tr><td>戒毒人员姓名</td><td></td><td>性别</td><td></td><td>出生
年月</td><td></td></tr>
<tr><td>籍贯或
家庭住址</td><td colspan="2"></td><td>身份证号码</td><td colspan="2"></td></tr>
<tr><td>户籍所在
地派出所</td><td colspan="2"></td><td>原强制隔离戒毒
决定书的文书编号</td><td colspan="2"></td></tr>
<tr><td>强制隔离
戒毒期限</td><td colspan="5">自　　年　　月　　日至　　年　　月　　日</td></tr>
<tr><td>建议社区
康复期限</td><td colspan="5">自　　年　　月　　日至　　年　　月　　日</td></tr>
<tr><td colspan="6">责令社区康复理由：</td></tr>
<tr><td colspan="6">强制隔离戒毒所意见：

（印章）
年　　月　　日</td></tr>
</table>

注：一式两份，一份由强制隔离戒毒所存档，另一份由强制隔离戒毒决定机关留存。

B.2　戒毒人员出所衔接登记簿

B.2.1　封面

戒毒人员出所衔接登记簿

__________年度

海南省×××强制隔离戒毒所

B. 2. 2　戒毒人员出所登记本

序号	姓名	身份证号码	队别	出所时间	接收机关	接收民警签名	电话	家属/戒毒人员签名	电话	戒毒所民警签名
1										
2										
3										
4										
5										
6										
7										
8										
9										
10										
11										

附　录　C

（规范性）

回访调查强制隔离戒毒人员个人档案

C.1　回访调查强制隔离戒毒人员个人档案

C.1.1　档案封面

××××年回访调查

解除强制隔离戒毒人员个人档案

姓名：________________

编号：________________

地址：____________市（县）________________区（镇）

解戒满：3 年□　2 年□　1 年□　不到 1 年□

省委政法委、省禁毒办、省司法厅

××××年××月

C. 1. 2　回访调查情况认定表

××××年回访调查解除强制隔离戒毒人员情况认定表

调查小组：________________　　　　建档时间：________年____月____日

调查对象基本情况	姓名		性别		年龄		身份证号码	
	出所时间		家庭住址				联系电话	
调查方式	见面□			电话□			调查管控台账□	
社康情况	参加□				未参加□			
就业情况	务工□	务农□			经商□		无业□	
调查结果	吸毒检测结果	阳性□			阴性□		无□	
	家属判定	未复吸□	复吸□	收监（押）□	死亡□	情况不明□		
	派出所判定	未复吸□	复吸□	收监（押）□	死亡□	情况不明□		
	街道办事处（乡镇人民政府）、社戒社康机构	未复吸□	复吸□	收监（押）□	死亡□	情况不明□		
戒断认定	认定结果	戒断□	复吸□	收监（押）□	死亡□	情况不明□		
签名	禁毒专干：			民警：		调查人员：		
禁毒办（社戒社康机构）	情况属实 签　章 年　月　日			公安部门派出所（禁毒大队）	情况属实 签　章 年　月　日			

C.1.3 现状证明材料

二、认定解除强制隔离戒毒人员现状证明材料	三、其他补充说明材料
1. 戒断人员：此处粘贴解戒人员吸毒检测记录单或照片（可复印），并加盖公章。 2. 复吸人员：此处粘贴强制隔离戒毒决定书或其他证明材料（可复印），并加盖公章。 3. 收押（监）人员：此处粘贴公安系统电脑核查截屏图片或证明，并加盖公章。 4. 死亡人员：此处粘贴公安系统电脑核查截屏图片或有资质政府机构证明，并加盖公章。 5. 情况不明人员：禁毒办、派出所或社戒社康机构出具加盖公章证明。	此处粘贴其他能够说明调查对象情况的材料

禁毒宣传教育工作规范

（2025 年 2 月 28 日海南省市场监督管理局发布
DB 46/T 678—2025　自 2025 年 4 月 1 日起实施）

1　范围

本文件规定了禁毒宣传教育的工作原则、工作要求、活动类别、场地建设、队伍建设、宣讲对象、宣讲内容、宣讲工具、宣传渠道、工作流程和经费标准。

本文件适用于海南省各类组织（包括行政机构、企事业单位和社会组织）开展的禁毒宣传教育工作。

2　规范性引用文件

本文件没有规范性引用文件。

3　术语和定义

下列术语和定义适用于本文件。

3.1　禁毒宣传教育

通过各种形式和渠道，向社会公众传播禁毒知识，提高公众对毒品危害的认识和抵制能力，引导公众自觉抵制毒品，积极参与禁毒工作的专业社会活动。

3.2 毒品

指鸦片、海洛因、甲基苯丙胺（冰毒）、吗啡、大麻、可卡因以及国家规定管制的其他能够使人形成瘾癖的麻醉药品和精神药品。

3.3 禁毒志愿者

是指以自己的时间、知识、技能、体力等从事禁毒志愿服务的自然人。

3.4 禁毒志愿服务组织

是指依法成立，以开展禁毒志愿服务为宗旨的非营利性组织。

4 工作原则

4.1 树立正确价值观。以国家禁毒方针为指导，遵循教育规律，传播正能量。

4.2 注重实际效果。以近年来禁毒（戒毒）案例或新闻报道为依据，深入浅出，通俗易懂，增强宣传教育的感染力和实效性。

4.3 创新方式方法。运用体验式、传导式教学、辅以网络直播、VR 体验、人体模型等现代科技手段，创新宣传方式，拓展宣传渠道，提高宣传教育的覆盖面和影响力。

4.4 强化分类指导。针对不同地区、不同人群、不同毒品危害程度，制定差异化宣传教育方案，提高宣传教育的针对性和有效性。

5 工作要求

5.1 准确掌握禁毒政策和法规。准确传达政策精神和法规要求。

5.2　科学选择宣讲内容和形式。根据受众群体的特点和需求选择宣讲内容，采用通俗易懂、生动有趣的语言表达形式。

5.3　加强团队合作和配合。明确各团队成员的职责和任务分工，充分利用各自的专业优势和特长。

5.4　注重互动和反馈。鼓励受众提问和发表意见，积极回应和解答，收集受众的反馈和建议，不断提高宣讲水平。

5.5　严格遵守宣讲纪律和规定。遵守宣讲时间、地点和场地的规定。保持良好的形象和态度，避免不当言行。

5.6　不断总结经验和改进工作。发现问题和不足，提出改进措施，分享成功经验，推动禁毒宣讲工作的持续改进和提升。

6　活动类别

6.1　公益活动。主要以公益形式开展，除基本的交通、食宿费用外，没有其他劳动报酬。

6.2　非公益活动。主要以协议聘请专业人士开展专业程度高的禁毒宣讲工作业务。

7　场地建设

7.1　地理位置适宜，场地宽敞，环境良好，建筑符合安全标准。

7.2　设有基础教育设施，包括但不限于禁毒知识展示区、影视播放区、交互体验区等。

7.3　配备专业的禁毒教育人员和志愿者，提供禁毒教育讲解和咨询服务。

8 队伍建设

8.1 禁毒宣讲志愿者招募

制定禁毒志愿者招募要求、招募方式、申请流程，做好禁毒志愿者信息登记。禁毒宣讲志愿者招募宜满足以下要求：

——年满18周岁以上，具有完全民事行为能力；

——乐于奉献，富有社会责任感，热心禁毒工作；

——遵纪守法，具有良好的组织纪律性；

——具备参与禁毒志愿服务项目及活动相适应的基本素质，例如熟悉禁毒法律法规、毒品危害、毒品诱因、戒毒康复、预防措施等方面的内容，具备良好的口才和表达能力，能够以简洁、清晰的语言向公众传递禁毒信息和知识；

——有志愿活动实践经验，或者具有法律、心理、医学等相关专业背景者优先。

8.2 禁毒宣讲志愿者培训

培训要求主要包括但不限于以下内容；

——培训时间：禁毒宣讲志愿者每年接受培训时间不少于8课时；

——培训内容：

1）毒品基本知识；

2）禁毒法律法规和政策；

3）禁毒宣传的方法和技巧；

4）语言表达能力和宣讲礼仪训练；

5）组织和管理禁毒宣传活动的能力；

6）禁毒宣传课程 PPT 设计及制作；

7）新媒体在禁毒宣传方面的应用。

8.3　禁毒宣讲志愿者考核

实施奖惩制度，对志愿者进行考核，根据考核结果，对表现优秀的宣讲志愿者给予奖励，对表现不佳的志愿者进行引导或调整。考核内容包括但不限于：

——效果评估，设立科学合理的评估标准，对宣讲志愿者的工作绩效进行评估和衡量；

——工作对象的评估；

——领导机构的评估；

——服务课时要求，每年每人开展禁毒宣讲服务不少于 48 课时。

9　宣讲对象

宣讲对象主要包括但不限于：

——青少年群体；

——社区居民；

——重点人群，包括无业人员、流动人口，酒吧、夜店等高危涉毒场所的从业人员、吸毒人员及其家属等；

——企事业单位员工。

10　宣讲内容

开展毒品预防教育，内容包括但不限于：

——禁毒法律法规。应对禁毒法律法规进行介绍，包括我国禁毒法律法规的基本内容、禁毒法律法规的适用范围、禁毒法律法规的执行等方面的内容；

——禁毒工作措施。应对禁毒工作措施进行规范，包括禁毒工作的组织领导、禁毒工作的职责分工、禁毒工作的实施等方面的内容；

——毒品预防教育。应对公众进行系统的毒品预防教育，包括毒品预防教育的内容、方式、时间等方面的内容；

——禁毒知识普及。应对公众进行全面的禁毒知识普及，包括禁毒法律法规、禁毒史、毒品危害、毒品预防措施等方面的内容；

——对毒品危害的描述、对毒品危害的预防措施、对毒品危害的法律责任等方面的内容；

——毒品犯罪案例。应对毒品犯罪案例进行介绍，包括毒品犯罪案例的类型、毒品犯罪案例的危害、毒品犯罪案例的预防等方面的内容。

11 宣传工具

11.1 仿真毒品模型

仿真毒品模型包括禁毒展品携带箱、仿真毒品（折叠盒）、仿真吸毒工具等。仿真毒品模型宜满足但不限于以下要求：

——外观逼真，能够精确地还原各类毒品的外观，包括形状、颜色、材质等；

——具有可互动性和教育性，可以通过触摸、扫码等方式与毒品模型进行互动，更加深入地了解毒品的特性和危害；

——要配备详细的说明书和解说，提供毒品相关知识和防范建议。

11.2 禁毒宣传手册和折页

禁毒宣传手册和折页宜具有以下内容：

——毒品的危害。使用醒目的标题和引人注目的图片，强调毒品对个人、家庭和社会的破坏性影响，重点突出毒品的危害；

——毒品预防。介绍毒品预防的相关知识，包括如何识别毒品、拒绝毒品的方法以及与毒品相关的心理问题等；

——禁毒法律。介绍相关禁毒法律法规，理清现行法律法规体系，强调非法吸毒和贩毒行为的严重后果；

——毒品案例。通过案例，展示毒品对个人、家庭及社会的破坏，说明毒品的危害性；

——禁毒成果。展示禁毒工作的重大成效，包括毒品治理、禁毒斗争、吸毒人员成功戒毒案例及禁毒工作的社会效益等。

12 宣传渠道

12.1 传统宣传渠道

12.1.1 宣传海报和横幅：在学校、社区、公共场所等显眼位置张贴禁毒宣传海报和横幅，引起公众的注意。

12.1.2 电视广播报纸杂志：利用传统媒体平台进行禁毒公益广

告、新闻报道等，覆盖更广泛的受众。

12.1.3　户外广告：在公共场所、交通枢纽等地方设置禁毒教育宣传牌、横幅等，扩大宣传覆盖面。

12.2　新媒体渠道

12.2.1　官方网站：建立禁毒教育宣传网站，提供丰富的禁毒知识和资源，方便公众在线学习。

12.2.2　社交媒体：利用微信、微博等社交媒体平台发布禁毒教育信息，加强互动交流，提高宣传效果。

12.2.3　视频平台：通过在各大视频平台发布禁毒教育视频，直播互动等形式，增强公众对禁毒教育的认识和重视程度。

12.3　实地活动与展览

12.3.1　禁毒教育基地：建立禁毒教育基地，组织参观活动，提供沉浸式的学习体验。

12.3.2　实地宣讲与演出：组织禁毒教育宣讲团、文艺演出等，深入社区、学校等基层单位进行面对面宣传。

12.3.3　展览展示：举办禁毒教育图片展、实物展等，展示毒品的危害和禁毒工作成果。

13　工作流程

13.1　制定方案

方案内容包括但不限于以下内容：

——确定宣讲主题和目标受众；

——收集宣讲资料和素材；

——制定宣讲计划和时间表；

——确定宣讲地点和场地布置；

——组建宣讲团队并进行分工。

13.2 宣讲实施

根据需求方实际情况，综合运用本文件第 10 章给出的内容开展禁毒宣传教育工作：

——开场白：吸引听众注意力，介绍宣讲目的和内容；

——毒品危害介绍：详细阐述毒品的种类、危害和危害程度；

——案例分析：通过真实案例展示毒品对个人和社会的危害；

——法律法规宣传：介绍相关法律法规，提醒听众遵守法律；

——互动环节：开展问答、游戏等互动环节，增强听众参与度。

13.3 总结改进

通过问卷、座谈等方式，收集受众对宣讲活动的反馈意见，为后续工作提供参考，不断完善和提高禁毒宣传教育工作效果和质量。禁毒教育工作评价指标参见附录 A。

13.4 总结分析

对宣讲活动进行总结分析，总结经验和不足，为今后的禁毒宣讲工作提供借鉴和改进方向。将宣讲资料归档，供日后参考汇报宣讲情况。

13.5 后续工作

13.5.1 宣传成果展示：将宣讲成果通过各种渠道进行宣传，扩大影响力。

13.5.2 持续跟进：对宣讲后可能出现的问题进行跟踪和解决。

14 经费标准

14.1 公益性、非营利性志愿团队采取志愿公益服务原则。

14.2 营利性培训机构收费标准参照国家和本省财务报销规定执行。

附　录　A

（规范性）

禁毒教育工作评价指标表

表 A. 1 为禁毒教育工作评价指标表。

表 A. 1　禁毒教育工作评价指标表

<table>
<tr><th colspan="2">评价指标</th><th>评价内容（满分 100 分）</th><th>评价方式</th><th>得分</th></tr>
<tr><td rowspan="6">工作保障</td><td rowspan="2">场地</td><td>场地设置（10 分）</td><td rowspan="2">现场调研</td><td></td></tr>
<tr><td>设施配置（10 分）</td><td></td></tr>
<tr><td rowspan="3">人员</td><td>人员数量（10 分）</td><td rowspan="4">现场调研、资料审核</td><td></td></tr>
<tr><td>人员资质（职业技能证书、工作经验等）（10 分）</td><td></td></tr>
<tr><td>人员培训（培训课时、培训内容）（10 分）</td><td></td></tr>
<tr><td>教学组织</td><td>教学计划完善，课时有保证（10 分）</td><td></td></tr>
<tr><td rowspan="4">预防教育工作成效</td><td rowspan="2">重点场所</td><td>宣传覆盖范围（10 分）</td><td rowspan="4">过程性记录文件审核</td><td></td></tr>
<tr><td>宣传活动频次（10 分）</td><td></td></tr>
<tr><td rowspan="2">重点人群</td><td>宣传活动频次（10 分）</td><td></td></tr>
<tr><td>毒品预防知识知晓率（10 分）</td><td></td></tr>
</table>

参考文献

［1］《司法部关于建立全国统一的司法行政戒毒工作基本模式的意见》（司发〔2018〕3号）

［2］《关于印发〈全省禁毒三年大会战（2020—2022年）行动方案〉的通知》（琼办发〔2019〕108号）

［3］《关于印发〈海南省监狱管理局（海南省戒毒管理局）关于加强指导社区戒毒社区康复工作的意见〉的通知》

［4］《海南省监狱管理局（海南省戒毒管理局）关于规范戒毒人员出所衔接工作的意见》

［5］《海南省司法行政戒毒系统指导参与基层社区戒毒社区康复工作管理办法（试行）》（琼司通〔2021〕67号）

［6］《中华人民共和国禁毒法》（中华人民共和国主席令第79号）

［7］《戒毒条例》（国务院令第703号）

［8］司法部戒毒管理局《司法行政机关强制隔离戒毒场所心理矫治工作指南（试行）》（司戒毒字〔2021〕51号）

［9］海南省戒毒管理局《海南省司法行政系统强制隔离戒毒工作实施细则》（琼司通〔2014〕32号）

［10］海南省戒毒管理局《海南省强制隔离戒毒诊断评估工

作细则》（琼公通〔2015〕282 号）

［11］国家体育总局《国民体质测定标准》

［12］海南省戒毒管理局《海南省司法行政系统戒毒工作纲要（身体康复训练）》（2018 年）

［13］海南省戒毒管理局《海南省强制隔离戒毒诊断评估工作实施细则》（琼公通〔2015〕282 号）

［14］《司法行政机关强制隔离戒毒工作规定》（中华人民共和国司法部令第 127 号）

［15］《全国青少年毒品预防教育规划（2016—2018）》（禁毒办发〔2015〕1 号）

［16］中共中央、国务院《关于加强禁毒工作的意见》

［17］《关于加强禁毒社会工作者队伍建设的意见》（禁毒办通〔2017〕2 号）

［18］国家禁毒委员会《关于加强新时代全民禁毒宣传教育工作的指导意见》